Evangelismo
ORGÁNICO
PARA FAMILIAS

Evangelismo
ORGÁNICO

PARA FAMILIAS

CONVIERTE TU HOGAR EN UN FARO

Kevin G. Harney
y Sherry Harney

Contenido

Reconocimientos

Damos las gracias y un reconocimiento especial a nuestros tres hijos, Zach, Josh y Nate. No sólo han vivido cada página de este libro, sino que han participado con alegría, en oración y comprometidos con el evangelismo orgánico como socios nuestros. Como un bono adicional, cada uno de ellos contribuyó con tres piezas para este libro. Nos sentimos honrados de llamarlos hijos.

A todos nuestros amigos de Richfield Court, vivir cerca de ustedes durante diecisiete años ha sido una alegría indescriptible. Nos reímos, oramos, lloramos, comimos (¡comidas increíbles!), jugamos y vimos crecer juntas a nuestras familias. Vimos la presencia y la gracia de Dios llenar nuestras vidas, hogares, callejones sin salida, y la comunidad. Los queremos a cada uno de ustedes.

A Lee Strobel y Mark Mittelberg, que durante años nos han animado a escribir este libro. Gracias por tus oraciones, aliento, amistad y colaboración en el evangelio durante casi dos décadas.

Al equipo de Zondervan, nuestros veinte años de colaboración han sido un privilegio. Su colaboración en el ministerio y en la vida significa más de lo que se imaginan.

Ryan Pazdur, has viajado con nosotros a lo largo de los tres libros de Evangelismo Orgánico, y por la providencia de Dios, has pasado muchos años formando parte de nuestra familia y comunidad. Tú has visto el evangelismo orgánico de cerca y personalmente. Hemos sido bendecidos por ti más de lo que las palabras pueden expresar. Gracias por aprovechar tu agudo intelecto y tu apasionado corazón para el evangelismo.

Brian Phipps, tu experiencia editorial fortalece todo lo que escribimos. La última década de nuestra asociación editorial ha sido una alegría. Gracias por prestar toda tu atención a cada libro.

Andrew Rogers, tus habilidades para hacer llegar el mensaje de Evangelismo Orgánico a la iglesia y al mundo son una bendición. Gracias por usar tus dones para llevar a los creyentes al mundo con las buenas noticias de Jesucristo.

Introducción

Una Luz en la Oscuridad

"Hagan brillar su luz delante de todos, para que ellos puedan ver las buenas obras de ustedes y alaben al Padre que está en el cielo."

— Mateo 5:16

"A muchos de nosotros nos falta algo en la vida porque vamos detrás de lo segundo mejor, yo pongo ante ustedes lo que he descubierto que es lo mejor—uno que es digno de toda nuestra devoción—Jesucristo. Él es el salvador para jóvenes y mayores. Señor, aquí estoy".

— *Eric Liddell, medalla de oro olímpica*
y misionero en China

En las últimas tres décadas, Sherry y yo hemos vivido en todo tipo de lugares. Hemos vivido en un apartamento, en una caravana, en un tríplex (en un vecindario muy duro), en una casa pegada a otra, en una casa parroquial y en una casa. Aunque cada estructura era diferente, observamos una cosa que se mantuvo constante: no es el tipo de hogar, sino las personas que viven en el lo que marca la diferencia. Es a través de los residentes, no de la estructura, que Dios hace brillar su luz en la oscuridad. Nuestra oración y nuestro deseo han sido los mismos en todos los lugares donde hemos vivido: "Señor, haz que Tu luz llene nuestros corazones y nuestro hogar de manera que brille en la comunidad que nos rodea". Dondequiera que Dios nos ponga, queremos que la gente vea el rostro de Jesús y experimente su gracia de forma natural y orgánica. Esto ha sucedido en cada lugar en el que hemos vivido.

Cada casa, apartamento, caravana, residencia militar, casa adosada, dúplex, tríplex y condominios pueden ser un faro de la presencia y la gracia de Dios. Dios sueña con esto. Jesús murió por esto. El Dios vivo anhela que su presencia y su poder se muestren, brillando intensamente, en tu vecindario. El hecho de que estés leyendo este libro dice algo sobre tu corazón. Late con el corazón de Dios. Quieres que tu casa sea atractiva para los demás, un faro de influencia que honre a Cristo.

Los hogares no son el único lugar donde Dios hace brillar su luz. Dios planta iglesias en todo el mundo para reflejar su amor y exhibir su asombrosa gracia.[1] También envía a su pueblo al mundo para llevar su mensaje de salvación a los perdidos, quebrantados y heridos.[2] Puedes encontrar muchos libros (incluidos algunos que hemos escrito) que pretenden ayudarte a ti y a tu iglesia a ser testigos más eficaces. Lo que a menudo se pasa por alto y se olvida es el designio de Dios de que cada hogar cristiano sea un faro. Un hogar normal puede ser el lugar donde la gente descubra lo que sólo el Salvador puede ofrecer.

Vivir en un barrio presenta una oportunidad estratégica para ser testigo de la gracia de Dios. La gente te ve ir y venir. Observan cómo vives. Los vecinos oyen cómo hablas con tu esposa y tus hijos. Ven cómo pasan el tiempo juntos. Vivir cerca crea una atmósfera en la que el Espíritu Santo puede moverse y hacer cosas hermosas. Dios quiere que la gente se sienta atraída por nuestros hogares porque son puestos avanzados de su gracia, alegría, esperanza, verdad y amor en un mundo que está hambriento de todas estas cosas. En este mundo oscuro hay una profunda necesidad de luz, y cuando la luz brilla en la oscuridad, la gente se siente atraída por ella. Como una cálida hoguera de campamento en una noche fría y oscura, la gente no puede evitar acercarse. Si a eso le añadimos cacao caliente y polvorones, ¡es irresistible!

NUESTRA HISTORIA

Mi mujer, Sherry, y yo tenemos orígenes muy diferentes. Sherry creció en una familia con fuertes raíces cristianas. Ella iba a la iglesia dos veces cada domingo y asistía fielmente a la escuela dominical. Asistía con regularidad a los eventos del grupo de jóvenes. Cada miércoles, la familia de Sherry se reunía con el pueblo de Dios para estudiar la Biblia y animarse mutuamente. Las actividades de la iglesia eran una parte valiosa de su vida, y Sherry era a menudo la última persona en salir de la iglesia porque disfrutaba mucho de la conexión con otros creyentes. Tenía hambre de aprender las cosas de Dios.

Yo, por otro lado, crecí fuera de la iglesia, sin un marco de fe o comprensión de Dios. Vivía en un hogar cariñoso y atento, pero no íbamos a la iglesia, ni hablábamos de Dios, ni orábamos antes de las comidas, y desde luego no reconocíamos a Jesús como nuestro Salvador. La fe ni siquiera era una parte accesoria de nuestras vidas. Dios no era un problema. Sin embargo, por la asombrosa gracia de Dios, escuché el mensaje del evangelio y fui salvado por Jesús durante mis años de escuela secundaria. Comencé a compartir mi fe y pronto sentí un creciente deseo no sólo de seguir a Cristo, sino de enseñar a otros a hacer lo mismo.

Cuando Sherry y yo nos conocimos, en 1982, compartimos esta pasión común para qué la gente conozca la asombrosa gracia de Dios, el evangelio de Jesús que cambia vidas y la tierna llenura del Espíritu Santo. Nos casamos en 1984, y desde el principio estuvimos unidos en nuestra visión de hacer todo lo posible para que la luz de Jesús brillara en nosotros y a través de nosotros, dondequiera que viviéramos. Casi diez años después de casarnos, Dios aclaró aún más esta visión. Empezamos a comprender que el Espíritu Santo utiliza a la gente común allí donde vive para hacer brillar su luz en la oscuridad. Así que oramos de manera muy específica para que nuestro hogar se convirtiera en un faro de la luz de Dios y brillara en nuestra comunidad para atraer a la gente a Jesús. Descubrimos que teníamos una nueva pasión para que nuestros vecinos conocieran el amor y la gracia de Dios.

Esa visión y esa pasión dieron lugar a una serie de tres libros sobre lo que llamamos "evangelismo orgánico". El primer libro, *Evangelismo Orgánico para Todos*, se centra en cómo tu estilo de vida personal y tu camino de fe presentan oportunidades naturales para compartir el mensaje de amor de Dios con la gente que te rodea.[3] Lo escribí para ayudar a la gente común—no sólo a los tipos altamente evangelizadores y confrontacionales—a aprender a comunicar y compartir el extraordinario mensaje del evangelio. El concepto del evangelismo orgánico se basa en la convicción de que podemos compartir el amor, la gracia y el mensaje de Jesús de maneras que nos parezcan naturales, independientemente de nuestro tipo de personalidad, experiencia de vida o habilidades, y podemos aprender a conectar con las personas que nos rodean allí donde están. La evangelización orgánica no es un programa que cada persona siga de la misma manera. Es una forma de entender la fe y la vida que libera a cada creyente para compartir el amor y el mensaje de Jesús de una manera que le resulte adecuada.

En *Evangelismo Orgánico para Iglesias*, desarrollo la visión de compartir las buenas noticias del Salvador de forma natural a través de la iglesia local.[4] Lamentablemente, algunas congregaciones optan por rodear los vagones, agazaparse y proteger su territorio. Hacen todo lo que pueden para evitar que el mundo entre. Pero este no es el designio divino de Dios. Él quiere que cada iglesia se convierta en una fuerza poderosa para Dios en su comunidad y más allá.

Este libro, *Evangelismo Orgánico para Familias*, muestra lo que el llamado de Dios a compartir nuestra fe de manera natural y orgánica significa en el contexto del hogar. Es un libro que hemos escrito para ayudar a familias comunes como la tuya, a tener un impacto que honre a Dios allí donde él les ha colocado. Escribimos desde la experiencia personal, por lo que la mayoría de nuestros ejemplos e ilustraciones se refieren a familias con padres e hijos que viven en casa. Pero aunque las ideas y los conceptos se dirigen principalmente a las familias, el contenido también será útil para las parejas recién casadas, los nidos vacíos y cualquier creyente que desee que su hogar sea un lugar donde brille la luz de la gracia de Dios.

EL VIAJE QUE NOS ESPERA

Este libro está estructurado en tres secciones. La primera sección se centra en ayudar a los padres a alcanzar a sus hijos y a la familia extendida con el amor y la verdad de Jesús. Encontrarás herramientas prácticas para dirigir a los miembros de tu familia hacia el Salvador de forma natural, eficaz y divertida. Si tú eres un abuelo, estos capítulos también te ayudarán a comunicar el amor y la gracia de Jesús a tus nietos. Creemos que antes de poder ser un faro de la gracia de Dios, debemos saber cómo llevar la verdad y la amistad de Jesús a las personas más cercanas a nosotros. Si es aquí donde te encuentras en tu viaje, comienza en la sección uno.

La siguiente sección profundiza un poco más en la importancia de criar hijos que no se limiten a recibir la luz de Jesús, sino que la dejen brillar a través de ellos. No podemos limitarnos a compartir las buenas noticias con nuestros hijos, verlos entablar una relación con Jesús y pensar que nuestro trabajo ha terminado. Necesitamos ayudar a nuestros hijos a entrar en el trabajo de la Gran Comisión, discipulándoles y enseñándoles cómo compartir su fe con otros. Jesús fue claro al respecto cuando dijo: "Por tanto, id y haced discípulos a todas las naciones, bautizándolos en el nombre del Padre y del Hijo y del Espíritu Santo, y enseñándoles a obedecer todo lo que les he mandado. Y yo estaré con ustedes todos los días, hasta el fin del mundo"[5]. Jesús prometió que tendríamos poder para hacer lo que nos mandó, diciendo: "Recibirán poder cuando el Espíritu Santo venga sobre ustedes; y serán mis testigos en Jerusalén, en toda Judea y Samaria, y hasta los confines de la tierra."[6] Jesús dio sus directivas finales a sus seguidores a través de estos momentos poderosamente instructivos después de su resurrección y antes de ascender al cielo, y creemos que estos mandatos deberían ser el grito apasionado de los corazones de nuestros hijos, incluso desde sus días más jóvenes. Dios desea que nuestros hogares sean incubadoras de salud y madurez espiritual, y esto incluye desarrollar una pasión evangelizadora en nuestros hijos.

La sección final del libro explora cómo transformar tu hogar en un faro del amor y la gracia de Dios. Los hogares en los que vivimos pueden convertirse en lugares atractivos para niños, adolescentes y otros adultos. Dios quiere utilizarnos para dar a los demás un rumbo en las tormentas de la vida, un punto de referencia que les ayude a cambiar de dirección, como un faro que impide que los barcos se estrellen en costas peligrosas. Un faro, en última instancia, guía a las personas hacia un puerto seguro. En esta sección, consideraremos las formas en que nuestro hogar puede ayudar a las personas a llegar desde un mundo lleno de tormentas y encontrar en Jesucristo esperanza y un puerto seguro. Veremos formas prácticas en que las familias pueden vivir, amar, servir y hablar con gracia. También veremos cómo ir a nuestra comunidad y llevar el evangelio de Jesús a la gente justo donde están. No basta con hacer brillar nuestra luz y esperar que la gente lo note y sea atraída a nuestra casa para conocer a Jesús. Algunos vendrán, pero muchos no. Por eso debemos estar preparados para salir al encuentro de la gente allí donde esté.

TU HOGAR, UN FARO DE LA LUZ DE DIOS

¿Cómo puede ser tu casa un faro de la presencia de Dios en tu barrio y en tu comunidad? Queremos empezar aclarando que tendrá un aspecto un poco diferente para cada uno de nosotros. ¿Qué imágenes te vienen a la mente? ¿Quizás un lugar para que la gente pase sin avisar, donde sepan que son bienvenidos en cualquier momento? ¿Tal vez imagines un espacio cómodo donde otros puedan sentarse a cenar tranquilamente? ¿O un lugar donde las conversaciones sobre la vida y Dios sean normales y naturales? ¿Un lugar donde la gente pueda detenerse, respirar hondo y relajarse? ¿Un lugar donde alguien pueda descargar sus cargas? ¿Un lugar donde puedan sentarse junto a unas flores o un estanque tranquilo, sentir una suave brisa o ver una hermosa puesta de Sol? ¿Quizá si te imaginas un lugar donde la gente pueda reír hasta que le duela o llorar hasta que se le acaben las lágrimas? Cada hogar tendrá un aspecto diferente, pero todos tendrán algo en común. Serán lugares donde Jesús es el rey, donde su amor está presente y donde el Espíritu Santo actúa. Un hogar faro es un lugar donde se siente la asombrosa gracia de Dios y se escucha el mensaje salvador de Jesús. Es un lugar donde el resplandor de la luz de Dios es fuerte y la gente se siente atraída por el Salvador. Hogares como éste pueden cambiar una comunidad, un estado y una nación, incluso el mundo.

Si te interesa tener un hogar así, orar con audacia y amar a los demás con gracia, este libro está escrito para ti. Lo hemos llenado de historias y ejemplos de nuestra propia experiencia, pero también lo hemos convertido en una caja de herramientas de ideas prácticas que puedes adaptar a tu hogar y a tu comunidad de inmediato. Pero antes de empezar, te animamos a que te prepares. Cuando encomiendas tu hogar a Dios, debes estar preparado para lo que sucederá cuando Dios aparezca. Esta es una aventura que puede comenzar hoy, y durará el resto de tu vida. Confía en nosotros, ya no te conformarás con ver tu casa simplemente como un lugar donde vivir. Tú corazón será rápidamente capturado por la visión de ser una luz brillante de la presencia de Dios en un mundo oscuro y desesperado. ¡Que comience la aventura!

Parte Uno

LLEGAR
A TU PROPIA
FAMILIA

Algo va muy mal si llegamos a nuestros vecinos con el amor de Jesús pero nuestros hijos se sienten olvidados y marginados. Hemos confundido nuestras prioridades si invertimos más tiempo en nuestra iglesia que en nuestros propios hijos. Nuestra primera prioridad como padres es amar, enseñar y guiar a nuestros hijos hacia una relación auténtica y transformadora con el Salvador.

Jesús llamó a sus seguidores a ser sus testigos hasta los confines de la tierra, pero también les dijo que empiezan justo donde vivían (Hechos 1:8). Esta sección es un recordatorio de que Dios nos llama a alcanzar a nuestra familia con el amor, la gracia y el mensaje de Jesucristo antes de dirigir nuestra atención a nuestros vecinos y a la comunidad.

Capítulo Uno

Vivir el Evangelio en Tu Hogar

Kevin

Escucha, Israel: El Señor nuestro Dios es el único Señor. Ama al Señor tu Dios con todo tu corazón y con toda tu alma y con todas tus fuerzas. Grábate en el corazón estas palabras que hoy te mando. Incúlcaselas continuamente a tus hijos. Háblales de ellas cuando estés en tu casa y cuando vayas por el camino, cuando te acuestes y cuando te levantes.

— Deuteronomio 6:4-7

"No tengo más que una pasión: Es él, sólo él. El mundo es el campo y el campo es el mundo; y en adelante ese país será mi hogar donde pueda ser más usado en ganar almas para Cristo".

— Conde Nikolaus Ludwig von Zinzendorf

Como estudiante de tercer año de la universidad y un nuevo seguidor de Cristo, estaba emocionado de mudarme al Medio Oeste para estudiar en una escuela Cristiana llena de jóvenes creyentes apasionados, comprometidos y entusiasmados. Antes solamente había asistido a escuelas públicas, así que llegué a mi nueva universidad con gran entusiasmo.

Sin embargo, a medida que iba conociendo a mis compañeros, me sorprendió descubrir que muchos de ellos estaban enfadados con sus padres y eran hostiles hacia Dios. Pasé tiempo escuchando a jóvenes de ambos sexos que habían crecido en casa de un pastor o se habían criado en el campo misionero. A menudo, estaban resentidos, no entusiasmados, con la fe cristiana. Para ser justos, algunos de los mejores jóvenes que he conocido estudiaron en esa escuela. Amaban a Jesús y deseaban compartir las buenas noticias del salvador con los demás. Pero eran la excepción. Un número abrumador de estudiantes eran hostiles hacia Dios o apáticos acerca del evangelio. Algunos habían sido "obligados" a estudiar en esta escuela porque era la alma máter de sus padres y abuelos. Algunos admitieron que ni siquiera estaban seguros de creer en Dios o en la Biblia. Otros estaban de acuerdo con la fe cristiana, pero parecían indiferentes a crecer en su fe.

Esperaba un campus repleto de estudiantes entusiasmados y comprometidos seguidores de Jesús. Supuse que mis compañeros estarían agradecidos por la oportunidad de asistir a una escuela cristiana tan buena. Pensé que estarían hambrientos de ser equipados para llevar las buenas noticias de Jesús al mundo.

Me equivoqué.

Cada vez que me encontraba con un alumno dolido, enfadado o apático respecto a su fe, me inquietaba. Me preguntaba por qué algunos chicos que habían crecido en hogares cristianos fuertes acababan alejados de Dios.

Durante ese año de universidad, mi futura esposa, Sherry, vivía a tres mil kilómetros de distancia, en California. Hablábamos por teléfono una vez a la semana (antes de que existieran los teléfonos móviles, los mensajes de texto, el correo electrónico y Skype), y me enteré de que ella también se había encontrado con personas criadas en familias cristianas que se habían alejado de la fe. Hablamos de estos encuentros y empezamos a orar sobre el ambiente familiar que queríamos que tuviera nuestra familia cuando nos casáramos. Hablamos de cómo no queríamos que nuestros hijos acabaran amargados, resentidos y cínicos hacia Dios.

Incluso mientras éramos novios, orábamos y pensábamos en cómo criar a nuestros hijos para que conocieran y amaran a Jesús.

Ten en cuenta que no teníamos un programa de crianza estricto y ordenado para garantizar que nuestros hijos crecieran amando a Dios. Cuando nos casamos, teníamos algunas metas y sueños, pero carecíamos de un "sistema" de crianza para hacerlos realidad. Y admitimos, ahora que nuestros tres hijos son adultos, que todavía no tenemos un esquema ordenado para garantizar que los niños crezcan para seguir a Jesús con un corazón de amor por Dios. Todos sabemos que no es tan sencillo.

Aún así, los años de matrimonio y crianza nos han enseñado algunas pautas sanas y prácticas que son bíblicas y fácilmente transferibles. No convertimos nuestro hogar en un mini seminario. Tampoco construimos una fortaleza para mantener a nuestros hijos atrapados dentro. No nos esforzamos por cavar un foso alrededor de nuestra casa para mantener fuera las rarezas y el mal del mundo. No hacíamos programas nocturnos de memorización bíblica ni hacíamos que nuestros hijos aprendieran sin cesar qué libro viene después de Ezequiel o cuántos capítulos hay en 2 Corintios. No obligamos a nuestros hijos a asistir a todas las actividades de la iglesia ni a comportarse de forma diferente a sus compañeros. Los educamos para que creyeran en Jesús y lo amaran con sinceridad. Tratamos de modelar el hambre por las Escrituras y la pasión por la oración. Vivimos nuestra fe como un libro abierto y les invitamos a la alegría y al camino de caminar con Jesús.

Hoy en día, nuestros tres hijos adultos tienen una auténtica amistad con Jesús. Aman la iglesia, y cada uno de ellos disfruta participando en la vida de una congregación utilizando sus dones para servir a Dios y a los demás. Les apasiona compartir el evangelio con sus amigos, su familia y el mundo. Cada uno de nuestros hijos se siente llamado al servicio cristiano a través de la iglesia, el campo misionero o las artes. En las páginas que siguen, de vez en cuando oirás hablar de ellos y te contarán cómo fue crecer en un hogar en el que sus padres trataron de hacer de su casa un faro de la gracia de Dios.

FE VERDADERA

No podemos dar a los demás lo que no tenemos. Si queremos que nuestros hijos amen a Jesús con corazones auténticos y apasionados, nosotros, como padres, debemos tener una relación viva y dinámica con Dios. No se trata de ser "religiosos". Se trata de amar al único Dios verdadero de la Biblia, que se revela como Padre, Hijo y Espíritu Santo. Los padres que son tibios en cuanto a vivir para Dios no pueden esperar que sus hijos brillen para Jesús. No basta con llevar a nuestros hijos a la iglesia para que reciban una dosis semanal de Dios. Necesitamos examinar nuestra propia relación con Dios y preguntarnos: Si mi hijo crece con una fe como la mía, ¿sería algo bueno?

La idea del "evangelismo orgánico" comienza con una amistad personal con Dios a través de la fe en Jesús. La fe de unos padres que crecen en su amor a Dios es contagiosa y se extiende por todo el hogar. Porque su fe es real, impregna sus vidas. Debemos vivir el evangelio en nuestros hogares antes de poder compartirlo en el mundo. No podemos esperar que nuestros hijos tengan una relación profunda con Jesús si la nuestra es superficial.

AMISTAD CON JESÚS

Cuando tus hijos te miran, ¿ven a un amigo de Jesús? ¿Te oyen hablar de Dios con afecto y alegría? ¿Ven tus hijos la prueba de que el Espíritu Santo está vivo y actúa en tu corazón? Cuando mis hijos eran pequeños, me aseguré de decirles que amaba a Dios más que a ellos. Al principio se sorprendían al oírme decir esto. Luego les dije que amaba a Dios más que a su madre. Eso les sorprendió mucho, porque sabían lo fanático que estaba por su madre. Les expliqué que sólo puedo ser un buen padre y buen esposo si amo a Dios primero y camino cerca de Jesús. Cuando no sigo a Jesús, no soy el esposo y padre que quiero ser.

Hoy, si preguntas a cualquiera de nuestros tres hijos, Zach, Josh y Nate, a quién quieren más tus padres en el mundo, te dirán que tanto Sherry como yo queremos a Dios más que a nadie, incluidos ellos.

Saberlo les reconforta. Nuestros hijos han observado de cerca a su madre toda su vida. Han visto a una mujer que ama a Dios. Han visto cómo cada vez que tenían una preocupación, su madre les respondía con fe y acudía a Jesús en busca de ayuda. Han visto el ejemplo de padres que buscan orientación en las Escrituras y oran regularmente para obtener sabiduría. Aprendieron que un hogar sólo puede ser un faro para los demás cuando está conectado a Aquel que es la fuente de toda luz y vida.

PASIÓN POR LA BIBLIA COMO LA VERDAD DE DIOS

Los padres que quieren ver a sus hijos crecer fuertes en su fe necesitan amar la palabra de Dios y leer regularmente la Biblia. En nuestro mundo se cuestionan los absolutos morales y se burlan de la Biblia. Nuestros hijos necesitan aprender que Dios ha hablado claramente en la Biblia y nos ha dicho cómo podemos disfrutar de una relación con él. Nuestras palabras y acciones deben servir de modelo a nuestros hijos de lo que significa profundizar en la palabra y construir nuestras vidas sobre sus enseñanzas.

¿Qué aspecto tiene esto? En lugar de darles nuestra perspectiva, le pedimos a nuestro hijo mayor, Zach, su respuesta a esa pregunta. En el momento de escribir esto, Zach tenía veinticuatro años y servía en una iglesia a tiempo completo mientras asistía al seminario. Le pedimos que compartiera su perspectiva sobre estas dos preguntas: ¿Cómo pueden los padres ayudar a sus hijos a crecer en el conocimiento de la Biblia? ¿Cómo pueden los padres fomentar un compromiso de por vida con la lectura y el estudio de la palabra de Dios?

EDUCAR A LOS HIJOS EN UN MUNDO POSTMODERNO

Zach Harney

"Si actualmente estás criando a tus hijos, éstos están siendo criados en un mundo postmoderno. Si planeas criarlos en un futuro próximo, también se crearán en un mundo posmoderno. Pero, ¿qué es el posmodernismo? Suena como una mejora o una versión más avanzada del modernismo. Pero, más concretamente, ¿qué es? Describir su significado requeriría más espacio del que puede ofrecer este libro, porque impregna la arquitectura, la literatura, la cultura pop y casi todas las facetas de la vida, y significa algo un poco diferente en cada área. Sin entrar en una jerga extremadamente específica y técnica, intentaré aclarar por qué es importante a la hora de dirigir una familia y criar hijos creyentes.

La profesora y escritora Elizabeth Wilson dice: "El posmodernismo se niega a privilegiar una sola perspectiva, y sólo reconoce la diferencia, nunca la desigualdad, sólo los fragmentos, nunca el conflicto". Lo que esto significa es que los posmodernos no creen que una perspectiva sea mejor que otra. Creen que las opiniones, por muy diferentes que sean entre sí, nunca deben entrar en conflicto entre ellas, porque nuestros puntos de vista son sólo una cuestión de opinión. Lo que es bueno para una persona puede no serlo para otra. Mientras no se infrinjan las leyes y no se haga daño a la gente, una persona debe poder vivir como quiera, porque la verdad de una persona no es necesariamente la verdad de otra.

Este punto de vista tiene sus raíces en un proceso histórico. La humanidad ha intentado encontrar respuestas a las grandes preguntas de la vida desde el principio del mundo. El intento de encontrar la verdad ha existido durante miles de años, pero el posmodernismo es un signo de abandono de esta búsqueda o, en la mente de los posmodernos, un despertar al complejo mundo de la verdad relativa. En su opinión, la religión ha fracasado a la hora de proporcionar una explicación global del mundo. Por otro lado, las duras ciencias tampoco han conseguido proporcionar una verdad que explique o valide por qué existimos. Si la religión y la ciencia no han conseguido crear un sistema de verdad, entonces ésta sólo puede encontrarse en cada individuo. Los posmodernistas creen que la verdad es relativa, lo que significa que ningún punto de vista es correcto; es simplemente lo que es "correcto" para ese individuo.

Sin embargo, el principal problema de esto es que somos personas caídas con deseos y mentes realmente desordenadas. Sin ningún tipo de moral objetiva o verdad que lo abarque todo, podemos meternos en un montón de problemas simplemente siguiendo lo que "nos parece bien". Este es el mundo en el que vivimos, es el mundo en el que crecí, y no hay forma de evitarlo. En este mundo, se nos enseña desde pequeños a ser tolerantes con todo, siempre que no nos cause daño físico o infrinja una definición muy laxa de nuestros derechos. La mayoría de las veces es subconsciente; ha calado en la mente de muchos jóvenes sin que tengan ni idea de que está arraigado en sus mentes. Me doy cuenta de ello cuando alguien mayor que yo llama "pecado" a algo que parece inofensivo o dice que algo está "mal". Algo muy dentro de mí responde: "Tú no puedes decirme lo que está bien y lo que está mal; eso es sólo lo que tú crees". El problema con este punto de vista es que hay cosas que están bien y cosas que están mal, al menos si crees que la Biblia es, como dice 2 Timoteo 3:16, "inspirada por Dios y útil para enseñar, reprender, corregir y educar en la justicia".

Esta es la razón por la que una de las mayores cosas que un padre puede hacer es enseñar a su hijo a leer y entender la palabra de Dios. A menos que un joven se comprometa a leer y creer las Escrituras, inevitablemente se verá muy influenciado por la cultura del postmodernismo y la verdad relativa. Gran parte de la sociedad estadounidense, especialmente las generaciones más jóvenes, ya se han dejado influenciar por esto, y se ha infundido en la mayoría de las instituciones seculares, los medios de comunicación en general, la literatura, e incluso muchas instituciones cristianas. Tiene sus raíces en un alejamiento de las verdades bíblicas. La Biblia enseña claramente, una y otra vez, que hay cosas que no están permitidas por Dios y que al cometer estas acciones o tener ciertas actitudes, estamos yendo en contra de su deseo para nosotros. Sin algún tipo de guía, estamos tropezando ciegamente de la misma manera que todos los demás. La respuesta más efectiva de un padre que quiere que su hijo sea una luz, alguien que alcance a las personas perdidas a su alrededor, no es sólo modelar cómo actúa un creyente en el día a día, sino prepararlos con las Escrituras para un mundo confuso. Sin esta preparación, ellos estarán tan perdidos como cualquier otra persona, y cuando alguien que es espiritualmente curioso venga a ellos con preguntas, ellos no tendrán las respuestas definitivas que vienen de la verdad de Dios. Darán las mismas conjeturas e incertidumbres que todos los demás.

Cuando mis hermanos y yo éramos niños, nuestros padres hacían todo lo posible para que leyéramos la Biblia. Mi padre nos hacía guías de lectura completas con algún tipo de recompensa al final. Cada vez que nos íbamos de vacaciones, leíamos un libro de la Biblia (normalmente uno pequeño). Durante un tiempo, cada uno tenía que hacer su propia devoción, y luego nos reuníamos una vez a la semana para hablar de ello. Mis padres siempre nos compraban el tipo de Biblia que queríamos. (Mi favorita era la Biblia de Estudio Arqueológico NVI.) Algunos de los incentivos duraban mucho tiempo, y en otras ocasiones, bajábamos el ritmo de lectura de la Biblia, pero siempre se consideraba importante.

Probablemente, el mayor servicio que nos prestaron fue no hacérnosla devorar. Aunque se nos animó a ello, nunca se nos obligó, y aunque puede que no leyéramos la Biblia tanto como hubiéramos podido, nuestro amor por ella siguió creciendo. De hecho, los tres participamos en algún tipo de estudio bíblico durante nuestra educación y, en los últimos años, la Biblia se ha vuelto más viva e interesante de lo que jamás hubiera imaginado. Veía a mis padres leer la Biblia todos los días porque la amaban, y esto era a menudo un misterio para mí como niño pequeño, pero ahora sé que transmitiré el mismo legado a mis hijos a través del estímulo y el ejemplo.

UN LUGAR DE GRACIA

El mensaje del evangelio es gracia hasta la médula. El apóstol Pablo lo expresó así: "Porque por gracia somos salvos por medio de la fe; y esto no de ustedes, pues es don de Dios; no por obras, para que nadie se gloríe"[1]. El don de Jesús, su muerte en la cruz, él pagó por nuestros pecados, la gloria de la resurrección: nada de esto se gana ni se merece. Son dones de la gracia. Dios conoce nuestro pecado y, sin embargo, entró en la historia de la humanidad para morir por nosotros. "Pero Dios demuestra su amor por nosotros en esto: Un hogar faro es un lugar que irradia esta gracia, y comienza con la forma en que los padres educan a sus hijos.

Los padres viven el evangelio en su hogar al recordarles diariamente la gracia y la misericordia inmerecidas que Dios ha mostrado al perdonar su pecado y su fracaso. Los padres que han recibido la gracia pueden caminar humildemente en gracia. A medida que esto sucede, pueden extender libremente la gracia a otros, comenzando con sus hijos. Esto no significa que los padres y las madres no deban ser firmes y consecuentes con la disciplina cuando sea necesario. La gracia no consiste en malcriar a los hijos, ni se opone a la disciplina y la corrección. Más bien, es rápida para perdonar, comprometida con la restauración y pródiga en bondad y amor. Es un amor que se basa en lo que es bueno, correcto y verdadero, pero está motivada por la misericordia y una profunda conciencia de nuestra necesidad de la ayuda salvadora de Dios a través de Jesús.[2] A nuestros hijos hay que recordarles con regularidad que son amados por Dios, preciosos a sus ojos y valorados más de lo que sueñan.

La gracia reina en un hogar cuando los padres cuentan historias de cómo han recibido el perdón de Jesús y modelan ese mismo amor perdonando a sus hijos. Los padres dan ejemplo a sus hijos cuando repiten la historia de su conversión, compartiendo el evangelio con sus hijos, una y otra vez, con asombrada humildad. Los padres inspiran a sus hijos a buscar a Dios cuando hablan libremente de cómo Dios los ama, los guía, los ayuda y los perdona, todo ello en el flujo normal de la vida cotidiana.

Sabemos que la gracia de Dios ha penetrado en una familia cuando los padres pueden admitir sus propias fragilidades, defectos y debilidades ante sus hijos y alegrarse con ellos de que son salvos sólo por gracia. Sherry y yo hemos experimentado algunos momentos en los que manejamos algo mal con nuestros hijos y tuvimos que pedirles perdón. Estos se convirtieron en momentos sagrados cuando nuestros hijos descubrieron que los padres también necesitan de la gracia. Los niños entienden la gracia cuando sus padres los perdonan rápidamente, sin guardarles rencor ni recordarles sus fracasos. Los padres deben recordar con gracia a sus hijos que Dios se ha ocupado de su desobediencia y pecado en la cruz. No les echamos en cara a nuestros hijos sus errores. Cuando ellos admiten sus errores y los confiesan, nosotros modelamos el amor de Dios y los tratamos como personas que han sido limpiadas por la sangre de Jesús.

La cultura de un hogar también refleja la gracia cuando los padres se niegan a pronunciar palabras críticas sobre las personas de su comunidad, iglesia o familia extensa. Si tenemos lenguas afiladas y espíritus críticos en la intimidad de nuestros hogares, nuestros hijos no tardarán en reconocer nuestra hipocresía. Podemos declarar que vivimos en el amor de Dios, pero nuestras palabras son un testimonio convincente de que el evangelio de la gracia aún no reina en nuestros corazones y hogares.

En los próximos capítulos, veremos algunas maneras prácticas en que los miembros de nuestra familia pueden experimentar la presencia de Jesús y el poder de su gracia dentro de las paredes de nuestros hogares. El punto de partida es reconocer que no podemos dar lo que no tenemos. Si queremos que nuestros hogares sean faros de la gracia de Dios, esto empieza con nosotros, con nuestra comprensión del evangelio de la gracia de Dios y nuestro caminar con el Señor. A medida que caminamos con Jesús, nos deleitamos en su gracia, anhelamos que sea glorificado y nos deleitamos en nuestra amistad con el Salvador, naturalmente llevamos esta Buena Noticia a las personas más importantes de nuestras vidas: nuestros hijos.

JARDINERÍA ORGÁNICA

PREPARACIÓN DEL SUELO

Háblalo. Planifica una comida familiar y haz que el tema de discusión sean estas tres preguntas:

1. Cómo se experimenta el amor y la gracia de Jesús dentro de las paredes de nuestro hogar?
2. Cómo podríamos mostrar más plenamente la gracia de Jesús al convivir en nuestros hogares?
3. Cuando la gente de fuera mira a nuestra familia, ¿de qué manera pueden ver la presencia y el amor de Jesús?

ESPARCIENDO SEMILLAS

El factor amistad. Les guste o no, tus hijos te observan todo el tiempo, tengan cinco años, quince o veinticinco. Siguen tus señales y emulan tu estilo de vida. Reflexiona sobre estas dos preguntas: (1) ¿Cuáles son algunas de las maneras en que mis hijos pueden ver que tengo una amistad real y creciente con Dios? (2) ¿Cuáles son una o dos maneras en que puedo profundizar y hacer crecer mi relación con Jesús? Durante la próxima semana, trata de profundizar en tu relación con Dios y haz saber a tus hijos que estás dando este paso de fe.

Fuente de la verdad. Los hogares sanos se construyen sobre la verdad de la Biblia. En un mundo de relativismo radical y flexibilidad moral, nuestras familias necesitan establecerse sobre la roca sólida de Jesús y su palabra. Comienza ahora a animar a tus hijos a leer la Biblia. Recuerda que su mejor motivación es verte leyendo la palabra de Dios y oírte hablar de lo que estás aprendiendo. Cuando vean la transformación en tu vida, ellos también tendrán hambre de ella.

Recursos para padres. He aquí algunas ideas para ayudarte a ayudar a tus hijos a crecer en el amor a la Biblia:

- *La Historia* es un recurso asombroso. Es una compilación cronológica de pasajes bíblicos que enseña toda la historia de la Biblia en treinta y un capítulos fáciles de leer. Además, incluye materiales para niños, adolescentes y adultos. Obtén más información sobre este recurso en http://www.thestory.com/home.
- *El Manual Bíblico de Aventura* es un recurso que pasamos incontables tardes leyendo con nuestros hijos. Las ilustraciones, el formato y el contenido fueron convincentes para ellos e incluso para nosotros como padres.
- Deja que tus hijos elijan una Biblia que realmente les conecte. Este puede ser un momento divertido para estrechar lazos y hablar sobre las diversas Biblias de estudio, Biblias temáticas y Biblias apropiadas para cada edad que están disponibles hoy en día.

REGAR CON LA ORACIÓN

Invita al Espíritu Santo. Ora para que el Espíritu Santo llene tu hogar de amor. Ora para que el Espíritu te dé la fuerza y la perseverancia para ser un ejemplo piadoso para tus hijos y para que les dé ojos para ver y oídos para oír.

Capítulo Dos

Compartir a Jesús con Tus Hijos

Sherry

Escucha, ¡Aleluya! ¡Alabado sea el Señor! Dichoso el que teme al Señor, el que halla gran deleite en sus mandamientos. Sus hijos dominarán el país; la descendencia de los justos será bendecida.

— *Salmos 112:1-2*

Estoy dispuesto a quemarme por Dios. Estoy dispuesto a soportar cualquier dificultad, si por cualquier medio puedo salvar a algunos. El anhelo de mi corazón es dar a conocer a mi glorioso Redentor a aquellos que nunca lo han oído.

- *William Burns*

Tenemos un magnífico vídeo de nuestro hijo menor, Nate, durante su primera clase de natación, cuando sólo tenía tres años. En el vídeo, habla con entusiasmo de su nueva aventura antes de meterse en el agua. La expresión de su cara lo dice todo: ¡Este momento es mucho más importante de lo que él pensaba! Bromea nerviosamente con nosotros, inseguro de lo que le espera. La siguiente escena muestra a nuestro dulce niño intentando concentrarse y escuchar a su instructor, pero se puede ver cómo sus ojos se desvían hacia el agua cada pocos segundos. Se nota que está a punto de llorar. No está seguro de querer hacer esto ahora, y está empezando a darse cuenta de que toda esta aventura de aprender a nadar va a ser más difícil—y aterradora—de lo que pensaba. La última escena es Nate en el agua, tirando y pateando con todas sus fuerzas. Finalmente consigue llegar al borde de la piscina y, cuando saca la cabeza del agua, Nate mira a la cámara. Con un grito tenso y algo desesperado, pregunta: "¿He terminado ya?".

Ser padre se parece mucho a aprender a nadar. Empiezas con la emoción contenida y apenas puedes esperar. Luego te lanzas a lo más profundo de la piscina y te encuentras luchando por respirar, pidiendo ayuda a Dios. Ser padre es más grande y aterrador de lo que nunca imaginaste. Te preguntas constantemente: "¿He terminado ya?", para darte cuenta de nuevo de que es un viaje que dura toda la vida. No has hecho más que entrar en calor.

Descubrimos que la paternidad era más compleja de lo que habíamos supuesto cuando nos casamos, porque implicaba la formación espiritual de los hijos. Pronto nos dimos cuenta de que, aunque cada uno de nuestros hijos está "hecho de un modo maravilloso y lleno de temor", todos son muy diferentes.[1] No existe una fórmula única ni un manual con instrucciones claras para educar a los hijos. Necesitamos una sabiduría superior a la que cualquiera de nosotros posee.

CRIAR A UN NIÑO PARA AMAR A JESÚS

Mientras crecía en la iglesia, a menudo oía citar este versículo: "Educa al niño en el camino que debe seguir, y aun cuando sea viejo no se apartará de el"[2]. La interpretación que la gente daba era bastante sencilla. Cría a tu hijo en la iglesia, enséñale la Biblia y modélale la fe en casa, y ese niño acabará abrazando la fe cristiana, aunque tenga un tiempo de rebeldía. Cuando me convertí en madre, yo también entendí así el pasaje.

Hace más de veinte años Kevin y yo comenzamos a escribir y editar libros y estudios bíblicos, y uno de los primeros proyectos en los que trabajé fue un libro de Chuck Swindoll[3] titulado *La Familia Fuerte*. En este libro, Swindoll profundiza en el significado de ese versículo tan importante y conocido sobre la crianza de los hijos, y le aporta una nueva perspectiva exegética.[4] Swindoll explica cómo las palabras "educar a un niño" nos remiten a varias imágenes útiles. La primera es una cuerda atada a un bocado en la boca de un caballo. La cuerda se utiliza para girar la cabeza del caballo, de modo que se mueva en la dirección correcta y aprenda a seguir las indicaciones del jinete. Esta imagen se refiere a guiar a un niño para que aprenda a seguir las indicaciones de otro. La segunda imagen es la de una antigua mujer hebrea aplastando uvas y frotándolas en la boca de un recién nacido para estimular la succión. Esta imagen se refiere a la creación de un deseo por las cosas que dan y mantienen la vida. Swindoll señala que cuando formamos a nuestros hijos, debemos hacer ambas cosas. Les indicamos la dirección correcta—una que honre a Dios—y les enseñamos a seguir su dirección y guía. Pero también intentamos crear en ellos un deseo, un anhelo por las cosas que conducen a la salud y a la vida.

En otras palabras, educar a los niños es mucho más que meterles de información en la cabeza que puedan expulsarlas cuando se les pida. Es mucho más que exigirles que asistan a todos los actos de la iglesia. El corazón de la formación es la dirección y el deseo: ayudar a un niño a descubrir la dirección que Dios les ha llamado y enseñarles a desear las cosas que honran a Dios y traer la mayor alegría en la vida.

La segunda frase—"en el camino que debe seguir"—apunta a que el niño aprenda a ser lo que Dios ha diseñado que sea. Una imagen útil aquí es la de un águila deslizándose por el vuelo.[5] ¿Ha sentido alguna vez el sobrecogedor asombro de ver un águila volar por el cielo? La forma en que se mueve el águila es sencillamente un águila. Es única, como lo es la forma en que una serpiente se mueve sobre una roca, la forma en que un barco navega en alta mar y la forma en que un hombre está con una mujer.[6] Cada una de estas imágenes es distinta y reconocible.

Si nuestro objetivo es criar hijos de luz en este mundo oscuro, tenemos que ayudar a nuestros hijos e hijas a convertirse en las personas únicas y maravillosas que Dios diseñó para que sean. No podemos tratar de producir en masa niños que parezcan y actúen igual. No debemos tratar de forzar a nuestros hijos en el molde de lo que pensamos que un buen niño cristiano debe ser. Debemos llegar a conocer las características que Dios les ha dado y sus inclinaciones particulares para ayudarles a convertirse en la persona que Dios quiere que sean. Creemos que esto honra a Dios y a nuestros hijos.

La parte final de este versículo dice: "Aun cuando fuere viejo no se apartará de él". Swindoll observa que "viejo" no se refiere a un anciano. Se refiere a una época de la vida en la que a los chicos les empieza a crecer vello facial, la época de la pubertad en la que nuestros hijos e hijas pasan a la edad adulta. El punto es claro: el tiempo principal que los padres tienen para influenciar y guiar la dirección de sus hijos es cuando están creciendo en nuestros hogares.

Después de leer las ideas de Swindoll, Kevin y yo nos hicimos una idea totalmente nueva de este pasaje y de lo que significa criar a los hijos. Entendimos que la crianza de los hijos es algo más que simplemente llevarlos a la iglesia y enseñarles algunas verdades bíblicas básicas con la esperanza de que se acerquen al camino de Dios cuando crezcan. Más bien, se nos animó a estudiar a nuestros hijos y llegar a conocerlos para que pudiéramos ayudarles a seguir a Dios de una manera que se ajuste a lo que son. A medida que nuestros hijos crecían hacia la edad adulta, tratábamos de ayudarles a convertirse en la persona de fe que Dios había diseñado para ellos, no en la persona que nosotros pensábamos que debían ser. Nos centramos en sus corazones, haciéndoles preguntas y guiando sus deseos de Dios de forma adecuada para que alcanzaran el potencial que Dios les ha dado, anhelando caminar con Jesús y crecer en la fe de una forma que les resultara natural.

Cuando leí por primera vez esta interpretación del pasaje, me había topado con un obstáculo en la crianza de mis hijos. Estaba intentando criar a nuestro segundo hijo igual que al primero, y no funcionaba. Mis métodos de crianza que tenía habían funcionado muy bien con nuestro primogénito, Zach, pero ese mismo estilo y enfoque no funcionaban con Josh. Yo estaba frustrada y él también. Afortunadamente, una nueva comprensión de Proverbios y Chuck Swindoll me llevaron a un cambio significativo.

En lugar de usar el mismo estilo de crianza con ambos niños, comencé a ver a Josh como un hijo de Dios creado de manera única. Me di cuenta de que necesitaba crecer y aprender tanto como Josh. Necesitaba conocer mejor a mi hijo para poder entrenarlo efectivamente de una manera que le permitiera convertirse en todo lo que Dios deseaba para él. Dejé de imponer mis ideas preconcebidas de quién debía ser y confié en que Dios guiaría el camino. Sabía que, como Dios creó a mi hijo, conoce su futuro mucho mejor que yo. Sólo Dios sabe la contribución que quiere que cada uno de nuestros hijos haga en este mundo para su gloria. Cuando empezamos a criar a nuestros tres hijos de esta nueva manera, su amor por Dios, la iglesia, la Biblia y el mundo creció.

Mirando hacia atrás, nos damos cuenta de que la clave no fue otra fórmula o sistema para ayudar a nuestros hijos a llegar a la fe en Jesús, sino comprender que la mejor manera de criar a nuestros hijos es conocerlos. Empezamos a observarlos de cerca, a hablar con ellos y a descubrir su forma de pensar y de ser única, dada por Dios. Esto requiere mucho tiempo y energía. No es una metodología sencilla ni un programa de cinco pasos, ¡pero merece la pena!

CELEBRE LA SINGULARIDAD DE CADA NIÑO

Dios nos ha diseñado a cada uno de nosotros de forma única. Debemos tener cuidado de no comparar nunca a nuestros hijos entre sí o con los hijos de otras personas. También debemos evitar compararlos con una imagen del niño perfecto que nos hayamos formado en la mente o sobre el que hayamos leído en un libro. Las comparaciones son veneno en un hogar porque siempre destruyen el ambiente lleno de gracia que queremos cultivar. Incluso las comparaciones inconscientes pueden acabar calando en el alma de nuestros hijos. Nuestros hijos perciben cuando los comparamos con otros, aunque no lo expresemos. Debemos recordar que

Dios ve a cada uno de nuestros hijos e hijas como únicos y maravillosos, y nosotros también deberíamos hacerlo. Pídele a Dios que te ayude a hacerlo. Afirma lo que es único y especial en cada uno de tus hijos. Hazlo abiertamente, repetidamente y con alegría. ¿Qué te gusta de tu hijo? Díselo. Hacelo saber. Dile a los demás y deja que tus hijos te escuchen. Grítalo, cántalo, escríbelo, envíalo por mensaje de texto, tuitéalo y no pares. Si te preocupa que a tu hijo se le suba a la cabeza, ¡no lo hagas! Están creciendo en un mundo que hará todo lo posible por derribarlos. Su llamado es notar y alabar los dones, habilidades y tendencias que Dios le ha dado a cada niño. No se trata simplemente de reforzar su autoestima o de ser un padre orgulloso. Es una afirmación y una celebración de la inigualable creatividad de Dios revelada en tu hijo.

Descubras que es más fácil darte cuenta de los puntos fuertes y los dones únicos de un niño que se parece más a ti. Si tú hijo o hija es muy diferente a ti, le llevará más tiempo y compromiso, y tendrás que fijarte más. Si eres extrovertido y tu hija es callada y reflexiva, no la presiones para que sea como tú ni le hagas sentir sutilmente que no está a tu altura. Dile que te encanta cómo piensa realmente las cosas y reflexiona antes de hablar. Elogia al niño que es callado y reflexivo tanto como al que es sociable y extrovertido.

ESTUDIAR, ESTUDIAR, Y ESTUDIAR UN POCO MÁS

Kevin y yo estudiamos a nuestros hijos. Nos tomamos muy en serio lo de conocerlos, escuchar lo que dicen y estudiar lo que les gusta y lo que no. Nuestros tres hijos ahora están en sus veintes y seguimos aprendiendo cosas nuevas de cada uno de ellos a medida que se hacen adultos. Observándoles y haciéndoles preguntas, aprendemos a animarles mejor en su fe.

Dos de nuestros hijos son muy verbales y expresivos. El tercero es muy elocuente, pero tiende a ser callado. Aunque los tres respondieron al mensaje básico del evangelio a una edad muy temprana, su declaración pública de fe en una iglesia se produjo en momentos diferentes de sus vidas. Uno de nuestros hijos no se sintió preparado para hacer una profesión pública de fe hasta bien entrada su adolescencia. Fuimos pacientes, oramos y no le presionamos. Cuando estuvo listo, dio el paso, y fue real.

Incluso descubrimos que la forma en que enseñamos a nuestros hijos a amar y leer la Biblia difería de un hijo a otro. No podíamos elaborar un plan fijo y pedirles a los tres que lo siguieran al pie de la letra. Tuvimos que criar a cada uno de acuerdo con sus inclinaciones únicas y la mentalidad que Dios les había dado. A medida que cada uno ha ido creciendo, le hemos visto convertirse en el hombre que Dios quiere que sea.

COMPARTIR EL EVANGELIO

¿Cómo compartimos el mensaje de Jesús con nuestros hijos? La respuesta es sencilla. Lo hicimos *repetida* y *orgánicamente*. Articulamos el mensaje del evangelio en innumerables contextos y de muchas maneras diferentes. No esperábamos el momento oportuno. Contábamos la historia a menudo y hablábamos del amor y la gracia de Dios en Jesús, siempre que encajaba de forma natural en el flujo de la vida.

En uno de sus libros, *Reckless Faith* (Fe temeraria), Kevin analiza la historia que cuenta Jesús en el evangelio de Lucas sobre un agricultor que esparce su semilla en el momento de la siembra.[7] El agricultor es temerariamente extravagante con la semilla. La echa en tierra rocosa, en tierra dura, en tierra poco profunda y en tierra buena. El agricultor esparce las semillas por todas partes, sin saber en qué tipo de suelo caerán. El mensaje de esta parábola es que debemos ser liberales y generosos con la semilla de la buena noticia de Jesús. Nuestros hijos deben oírnos hablar del evangelio como una parte normal de nuestra vida en común. En cada hogar, esto será un poco diferente, pero hay algunos estribillos comunes en todos los ambientes.

Tú testimonio

Cuéntales a tus hijos cómo llegaste a la fe en Jesús. Cuéntales cómo llegaste a conocer la realidad de tu pecado y tu necesidad de un Salvador. Explícale lo que significa confesar tu pecado y aceptar el perdón que Jesús ofrece a través de su sufrimiento y muerte en la cruz. Explícale a tus hijos cómo ha cambiado tu vida gracias al don del perdón que recibiste de Jesús. Hazlos con palabras sencillas y adecuadas a la edad de tus hijos. Comparte esta historia una y otra vez, siempre que sea apropiado. Cuéntale tu historia con alegría, agradecimiento y asombro.

A los papás les gusta contar grandes momentos de sus carreras deportivas. Los niños escuchan estas historias innumerables veces y, sin embargo, papá siempre encuentra un motivo para volver a contarlas. Tristemente, muchos papás pueden pasar mucho tiempo sin contarles a sus hijos cómo se convirtieron en seguidores de Jesús. Se puede pensar que es un momento privado, pero no debería ser así. Los papás y las mamás deberían estar tan emocionados y ansiosos por contar sus historias espirituales como lo están por hablar de otros momentos épicos de sus vidas.

Nuestros hijos han escuchado mi historia de conversión muchas veces a lo largo de los años. Un domingo en particular, cuando tenía cinco años, estaba pensando en lo que había aprendido esa mañana en la escuela dominical. Estaba en el sofá del salón y mi madre estaba en la cocina preparando sopa de pollo con fideos. En mi corazón oré, pidiéndole a Jesús que me perdonara y entrara en mi vida. Le dije que quería pasar el resto de mi vida siguiéndole. En ese momento, sentí una ráfaga de alegría que todavía recuerdo cuarenta y seis años después. Había nacido de nuevo!

Mi historia no trata de malas decisiones y de huir de Dios en rebelión. Ese no fue mi camino. Yo comparto con mis hijos como Dios obró en mi corazón joven y como ese momento de recibir el amor y la gracia de Jesus cambió todo para mi. Desde ese momento, me mantuve cerca de Jesús. Lo amo y sé que él me ama. Mis hijos me han oído hablar de esto a menudo.

La historia de Kevin es muy diferente a la mía. Creció en un hogar no cristiano, pero durante sus años de escuela secundaria su hermana se hizo Cristiana. Empezó a asistir a una iglesia con regularidad y lo invitó a su grupo de jóvenes. Al principio, él se mostró hostil y se resistió, a pesar de que ella intentaba amarle y servirle. Rechazaba todas las invitaciones que ella le hacía hasta que un evento especial de la noche del casino despertó su interés.[8] Cuando Kevin comparte su testimonio, cuenta que conoció a una chica muy guapa en la iglesia y que su interés por ella le hizo volver. El verano siguiente, Kevin fue a un viaje de esquí acuático patrocinado por la iglesia, donde fue un público cautivo en una casa flotante durante una semana. Al final de esa semana había entregado su corazón a Jesús. Kevin y yo tenemos historias de conversión muy diferentes, y nuestros hijos las han escuchado muchas veces. Saben que entregar nuestras vidas a Jesús y comprometernos a seguirle ha marcado toda la diferencia del mundo tanto para Kevin como para mí.

Historias de la Presencia y el Poder de Dios

También compartimos historias de la presencia y el poder de Dios con nuestros hijos. Nuestros hijos necesitaban oír cómo experimentamos el poder de Dios guiándonos y llenándonos, y a menudo les contábamos cómo Dios actuaba en nuestras vidas. Compartíamos momentos en los que Dios aparecía, nos asombraba y nos revelaba su gloria. Además, contábamos historias de la presencia de Dios. Jesús dijo a sus seguidores que era mejor para ellos que él se fuera porque entonces enviaría al Espíritu Santo para que estuviera con ellos.[9] El Espíritu Santo mora en el corazón y en la vida de cada creyente. Cuando caminamos con Jesús, Dios revela su presencia de maneras sorprendentes y hermosas. En momentos de profundo dolor y pérdida, el Espíritu se acerca. Se revela y nos da confianza en momentos de miedo e inseguridad. A lo largo de los años hemos compartido testimonio tras testimonio de cómo Dios está con nosotros en los momentos de alegría y en los de profundo dolor. Incluso ahora que son adultos, seguimos contándoles a nuestros hijos historias de la obra de Dios en nuestras vidas, y nos encanta oír hablar de las grandes cosas que Dios está haciendo en sus vidas.[10]

Estamos agradecidos de que esto formara parte normal de nuestras conversaciones con los chicos. Empieza a hacer esto cuando tus hijos sean pequeños, y se convertirá en parte del tejido de sus vidas juntas. Compartir el mensaje de Jesús es algo más que intentar que tus hijos profesen la fe. Es un viaje en el que se aprende a conocer a cada niño, se ora por él, se le señala al salvador y se le cuenta la historia del evangelio. Para nosotros, significó contar nuestras historias de conversión con regularidad y hablar a menudo de cómo Dios estaba obrando en nuestras vidas. Hay momentos naturales para que cada uno de nuestros hijos responda a la invitación de Jesús a nacer de nuevo.[1111] Nuestra parte, como padres, es criar, enseñar y amar a cada uno de nuestros hijos de acuerdo con la forma en que Dios los ha hecho. Al hacerlo, ellos responderán cuando estén preparados y de la manera que les convenga. Creemos que esto conduce a un sano caminar con Jesús.

JARDINERÍA ORGÁNICA

PREPARACIÓN DEL SUELO

Estudia su estilo. Observa y estudia a cada uno de tus hijos. Toma notas mentales o incluso escribe tus observaciones. Aprende todo lo que puedas sobre lo que les motiva, cómo resuelven los problemas, la forma en que recopilan información y su estilo personal de aprendizaje. Ten iniciativa en el proceso de convertirte en el alumno de tu hijo.

ESPARCIENDO SEMILLAS

Celebra su singularidad. Díle a cada uno de tus hijos, tenga la edad que tenga, algo que aprecies y te guste de su temperamento único. Además, busca una oportunidad para afirmar delante de toda la familia algo que sea único en cada niño. Puede ser durante una comida, en el coche o en cualquier otro momento en que la familia esté reunida.

REGAR CON LA ORACIÓN

Cuéntales historias. La semana que viene, cuéntale a cada uno de tus hijos una historia sobre cómo has experimentado el poder y la presencia de Dios en una situación concreta. Asegúrate de que este encuentro con Dios haya tenido lugar en los últimos meses. Ora con tus hijos para que experimenten el poder y la presencia de Dios en sus vidas en las próximas semanas y meses.

Capítulo Tres

El Momento Oportuno del Espíritu Santo

Sherry

El pueblo que habitaba en la oscuridad ha visto una gran luz; sobre los que vivían en densas tinieblas la luz ha resplandecido. Desde entonces comenzó Jesús a predicar: "Arrepiéntanse, porque el reino de los cielos está cerca".

— Mateo 4:16 - 17

Una vez más Jesús se dirigió a la gente, y les dijo:
—Yo soy la luz del mundo. El que me sigue no andará en tinieblas, sino que tendrá la luz de la vida.

— Juan 8:12

Es verdad que las oraciones bíblicas en palabra e impresas son cortas, pero los hombres oradores de la Biblia estuvieron con Dios durante muchas dulces y santas horas de lucha. Ganaron con pocas palabras pero con larga espera.

— E. M. Bounds

os padres nos preguntan a menudo si su hijo es demasiado joven para comprometerse de verdad con Jesús. Les decimos que no es una cuestión de edad, sino de corazón. Recuerdo estar sentada en la mesa de la cocina con nuestro primer hijo, Zach, cuando sólo tenía cuatro años. Me dijo claramente que quería pedirle a Jesús que entrara en su vida. Yo tuve mi propia experiencia memorable de pedirle a Jesús que fuera el Señor de mi vida a una edad similar. Aun así, quería asegurarme de que comprendía la magnitud de ese momento, así que le pedí al Señor que me ayudara.

Compartí mi emoción con él y hablamos de las buenas noticias de Jesucristo para asegurarnos de que comprendía los fundamentos del evangelio. Y para comprobar su corazón, le dije que me encantaría que compartiera sus deseos con su padre también. Sentí que esto sería una buena señal de su deseo de hacer este compromiso. Si Dios se estaba moviendo en el corazón de Zach y él realmente quería responder, todavía estaría en su corazón cuando Kevin llegara a casa.

Puedes imaginarte cómo se me encogió el corazón cuando fue lo primero que dijo cuando su padre llegó a casa del trabajo esa noche. Nos sentamos juntos en la mesa de la cocina y nuestro primogénito invitó a Jesús a entrar en su vida. Era sincero. No era demasiado joven. Era el mismo hijo que dos años más tarde, a la edad de seis años, nos dijo que quería ser ministro. Hoy está viviendo ese llamado. Nunca subestimes el poder de Dios.

CÓMO HACER LA INVITACIÓN

¿Cuándo es el momento adecuado para invitar a un hijo o hija a recibir la gracia de Dios y entrar en una relación salvadora con Jesús? No existe un momento o una edad exacta en la que todos los niños debían recibir a Jesús. Si bien es maravilloso y valioso dar a los niños una sólida educación cristiana en nuestros hogares, escuelas e iglesias, también tenemos que darnos cuenta de que Dios llama a cada persona en su tiempo, y cada niño crece a su propio ritmo dado por Dios. Algunas iglesias tienen un proceso de confirmación, una clase de catecismo u otro proceso de formación formal, y estos pueden ser una bendición maravillosa que ayuda a un niño a aprender la verdad y crecer en su comprensión de la fe. Sin embargo, cualquiera que sea el proceso, no debe exigir o requerir que cada niño responda a la invitación del evangelio al mismo tiempo. Nunca debemos tratar de forzar a los niños al mismo molde o ponerlos en el mismo horario cuando se trata de profesar su fe.

En lugar de eso, debemos orar por nuestros hijos, conocerlos, escucharlos y discernir. Algunos niños se enfrentan a las cosas de frente y quieren dar el paso de la fe a una edad temprana. ¡Esto es una alegría! Otros se toman su tiempo, analizan las cosas y necesitan espacio para reflexionar y procesar. Empujarlos a responder demasiado pronto puede alejarlos de Jesús. De nuevo, como padres, debemos estudiar a nuestros hijos y aprender cómo son. Esto nos ayuda a criar a cada uno de una manera que se ajusta a lo que Dios está haciendo de ellos y llamándolos a ser.

Descubrimos que nuestro hijo Zach es un alumno convencional, muy lineal y lógico. Le enseñé los colores a una edad temprana y podría repetirlos en un santiamén. Señalé las tarjetas con dibujos de cosas verdes y dije: "verde". Volví a señalar y Zach dijo "verde". Lo entendió. Cuando nuestro segundo hijo tenía más o menos la misma edad, intenté lo mismo. Saqué mis tarjetas verdes, esperando la misma respuesta, y cuando Josh no respondió, me preocupé.

Cuando Kevin llegó a casa y le expliqué que Josh no parecía entender el concepto del color, se rió. Me dijo: "Estás intentando enseñarle lo mismo que a Zach. Pero recuerda que no es Zach. Es Josh. Su estilo de aprendizaje es reflexivo y muy autodirigido. Tienes que ayudarle a participar en el proceso de descubrimiento". A día de hoy, si intentas que Josh repita algo como un loro, te mirará con una sonrisa irónica y lo más probable es que no te siga el juego.

Recuerdo un incidente, en particular, cuando Josh tenía unos trece años. Kevin compró un nuevo sistema telefónico para nuestra casa, pero no se molestó en leer las instrucciones ni siquiera intentó configurarlo.

Me dijo: "Cuando Josh vuelva del colegio, él se encargará". Cuando Josh llegó de la escuela ese día, Kevin estaba sentado en el piso de la sala con todos los teléfonos, cargadores e instrucciones frente a él. Kevin no dijo una palabra, pero trató de aparentar que estaba trabajando duro para entender el sistema. Josh se sentó junto a Kevin y empezó a hacerle preguntas. Luego cogió las instrucciones y empezó a leerlas. Al cabo de unos minutos, Josh preguntó a su padre si podía configurar el sistema telefónico. Leyó todo el libro de instrucciones y se puso a trabajar.

Kevin se alejó para hacer otra cosa.

Una hora más tarde, Josh nos dijo que todo el sistema estaba configurado. Cada teléfono estaba programado y titulado para la habitación en la que iba. Nos enseñó cómo funcionaba el sistema e incluso configuró el programa de buzón de voz. Esto me ilustró claramente cómo Josh aprende y toma decisiones. Josh es el tipo de persona que retrocederá si se sintiera empujado a creer en Jesús o a hacer una declaración pública de fe antes de estar preparado. Siempre ha necesitado explorar, aprender, investigar y llegar a sus propias conclusiones a su debido tiempo. Y no hay nada malo en ello. Así es como está hecho. No se sintió presionado para unirse a sus hermanos cuando decidieron recibir a Jesús y unirse a la iglesia. Josh todavía estaba aprendiendo, escuchando y avanzando hacia la fe en el Salvador. La presión lo habría alejado, y nosotros lo sabíamos. Así que le dimos el espacio y el tiempo que necesitaba.

Cuando compartas el evangelio, ora y sé prudente. No lo fuerces, pero estate siempre abierto y preparado. Busca esos momentos orgánicos y naturales que el Espíritu Santo te proporciona. Si compartes el evangelio con un hijo, un padre, un primo o un hermano, hay algunas cosas útiles que debes tener en cuenta.

1. ESCUCHAR AL CORAZÓN

Dios está actuando en el corazón de tu hijo. Antes de que le pusieras el nombre a tu hijo o hija, Dios ya estaba actuando en su vida.[1] Él ama a tu hijo más que tú mismo. Dios también actúa en la vida y el corazón de los miembros de tu familia. No estamos llamados a forzar o manipular. Simplemente debemos esparcir la semilla del evangelio y llevar el agua de la gracia de Dios. Sólo Dios cambia los corazones.

Debemos sintonizar con los latidos del corazón de los miembros de la familia. Cuando son más receptivos, debemos profundizar. Cuando se resistan, debemos ir más despacio y no forzarlos. Pide al Espíritu Santo que te dé sabiduría, y no vengas con la intención de descargar tus opiniones o ideas sobre un miembro de la familia. Haz lo posible por discernir dónde está tu corazón y responde en consecuencia.

Compartir el mensaje de Jesús con los hijos es lo más importante que los padres pueden hacer. Al estudiar a tus hijos y orar por ellos, asegúrate de esperar el tiempo de Dios. Siempre estarás esparciendo semillas, enseñando, amando y señalandoles a Jesús. Todas las veces que los invites a responder al evangelio son muy importantes. Deja que ellos inicien. Presta atención a los momentos en los que hacen preguntas importantes. Espera a que Dios te guíe.

2. INVITA Y NO PRESIONES

No es sabio ni amoroso presionar, forzar o manipular a tu hijo para que responda a Jesús. Nuestra llamada es a invitar. Incluso Jesús está a la puerta y llama; no la echa abajo.[2] Algunos padres presionan a sus hijos para que respondan a Jesús. Los presionan mucho para que digan una oración, caminen por el pasillo o levanten la mano lo antes posible, en lugar de guiarlos e invitarlos con ternura.

No hay nada malo en que un niño dé una respuesta a una edad temprana, siempre que sea de corazón. No debe ser para hacer felices a sus padres o impresionar a los líderes de la iglesia. Los niños que siguen los movimientos sin un verdadero movimiento del Espíritu Santo en sus corazones pueden terminar muy confundidos. Si no entienden el evangelio, es posible que no hagan un compromiso auténtico con el Salvador.

Algunos padres usan historias extrañas o motivaciones para hacer que sus hijos se comprometan con Cristo. Kevin y yo estuvimos una vez en un campamento donde uno de los oradores habló de haber sido presionado para recibir a Jesús por su hermano mayor. Su bien intencionado hermano lo llevó a la estufa de la cocina y le dijo: "¿Te gustaría pasar para siempre en un horno como ese?". Él respondió: "¡No! No me gustaría". Entonces su hermano mayor le dijo que tenía que recibir a Jesús ahora mismo. ¿Qué crees que diría un niño de ocho años en un momento así? Pues claro que oró. Continuó contándonos que su compromiso con Jesús no era real, y vagó espiritualmente durante varios años. Afortunadamente, llegó a comprender el amor de Dios, la gracia de Jesús y la verdad del evangelio. Cuando por fin entendió el mensaje de la gracia y el perdón de Dios, se volvió a Cristo e hizo un compromiso auténtico.

A algunos pastores y padres les gusta hablar del tipo que no presionó lo suficiente a su amigo para que tomara una decisión por Cristo. Ese amigo se alejó de la conversación y fue atropellado por un camión. La moraleja de la historia: ofrezca una respuesta a Jesús tan pronto como sea posible o vivirá con la culpa del destino eterno de otra persona. Pastores y líderes juveniles cuentan variaciones de esta historia, y siempre es inútil. Hace dos cosas que son injustas y teológicamente inapropiadas.

Primero, pone el trabajo de la salvación en aquellos que comparten el mensaje de Jesús. Debemos recordar que nosotros no salvamos a nadie. Esparcimos la semilla de las buenas noticias y traemos agua espiritual, pero sólo Dios puede traer vida y crecimiento. Poner en manos de los padres la responsabilidad de la salvación de sus hijos los empuja a presionar a sus hijos para que tomen una decisión. Pero esto no es bíblico ni saludable.

En segundo lugar, esta forma de pensar tiende a culpabilizar a la persona que comparte las buenas noticias. Les hace sentir que son eternamente responsables si una persona no se decide por Jesús. De nuevo, esto se basa en una teología pobre y conduce al miedo y a la manipulación.

Al interactuar tanto con nuestros hijos como con nuestra familia extendida, debemos invitarlos a Jesús. Forzarlos no es sano, orgánico ni propio de Cristo. Podemos compartir la historia del evangelio y preguntar: "¿Tiene sentido?". Podemos invitar: "¿Te gustaría recibir la gracia de

Dios y convertirte en seguidor de Jesús?". Podemos animar a nuestros hijos y familiares a dar el siguiente paso hacia el Salvador, confesando sus pecados y poniendo su fe en él. Pero no debemos forzar, presionar ni manipular.

3. UN "NO" NO ES UN RECHAZO

Al vivir una vida de evangelismo orgánico en tu hogar y entre los miembros de tu familia, tendrás muchas oportunidades de tener conversaciones espirituales. Cuando le preguntes a un miembro de tu familia: "¿Te gustaría orar y recibir la gracia de Dios a través de la fe en Jesús?", es muy probable que te digan algo como: "Todavía no estoy allí", o "Todavía tengo algunas preguntas", o incluso: "Ni siquiera estoy cerca de ese punto". No te desanimes. No te están rechazando. En muchos casos, ni siquiera están rechazando a Jesús. Todavía están en camino hacia el Salvador.

No sobreactues en estos momentos. Sigue viviendo tu vida de fe con naturalidad y alegría. Sigue manteniendo conversaciones. Deja que tu luz brille. Cuando alguien diga que no está listo para dar ese paso definitivo de fe, hazle saber que tú deseas mantener la conversación en los días y semanas venideros. Kevin y yo hemos tenido docenas de estos momentos cuando un miembro de la familia parecía estar listo pero no dio el paso de confesar sus pecados y recibir a Jesús. La mayoría de estas personas son ahora seguidores de Jesús.

4. REGOCIJARSE Y DISCIPULAR

Los mejores momentos de la vida son cuando un hijo o un familiar dice sí a Jesús. Cuando confiesan sus pecados y aceptan la asombrosa gracia de Jesús como pago por sus pecados, todo cambia.[3] Ya no son sólo miembros de tu familia terrenal, sino que se convierten en miembros de la familia de Dios. Esto significa que estarán juntos para siempre en el cielo. Ahora forman parte de una familia eterna.

Como directora de niños durante varios años, tuve muchas oportunidades de compartir el evangelio con los niños a los que enseñaba. Como a algunos de los más pequeños les costaba asimilar la brutalidad de la cruz, pensaba detenidamente en cómo tratar este tema cuando compartía el evangelio con ellos, con el deseo de no minimizar la verdad de lo que sufrió Jesús y, al mismo tiempo, comunicar de una manera que pudieran comprender. He aquí un ejemplo de cómo compartí el evangelio con ellos. Espero que te sirva de ayuda a la hora de pensar en diferentes maneras de compartir las buenas noticias de Jesús con tus hijos.

Dios nos ha dado el regalo de Jesús porque nos ama mucho. Jesús vino a la tierra y murió en la cruz por todos nosotros. Tal vez te preguntes por qué Jesús tuvo que morir de una manera tan horrible. No vivimos como Dios quiere que vivamos. A veces hacemos cosas malas, decimos cosas que no son ciertas o agradables, e incluso pensamos cosas que sabemos que están mal. Estas malas acciones, palabras y pensamientos se llaman pecados.

Porque no vivimos como Dios quiere que vivamos, y porque todos hacemos cosas malas, Dios debe castigar nuestros pecados. Jesús nos ama tanto que se ofreció a recibir el castigo por nosotros. La Biblia dice que todos pecamos. Cada uno de nosotros no alcanza lo que Dios quiere para nosotros. Tú y yo hemos hecho cosas, dicho cosas y pensado cosas con las que Dios no está contento. Incluso hemos dejado de hacer cosas que Dios quería que hiciéramos. Jesús tenía mucho castigo que soportar. Por eso murió en la cruz de una manera tan horrible. Podemos ser liberados porque Jesús lo ha hecho por nosotros. Él ha tomado nuestro castigo por nosotros. Esto es el perdón.

Sabemos que esto es verdad porque la Biblia lo enseña muy claramente. Hay otra cosa que la Biblia nos dice que todos necesitamos saber. Jesús da su perdón sólo a aquellos que lo quieren. Tenemos que pedirle a Jesús que nos perdone y que entre en nuestra vida. Si venimos a Jesús y nos arrepentimos de esas cosas malas en nuestra vida, Él perdonará todos nuestros pecados y nos lavará.

Si sabemos que hemos pecado, si nos arrepentimos de lo que hemos hecho, y si creemos que Jesús murió para recibir nuestro castigo, podemos estar seguros de que Jesús siempre perdonará nuestros pecados.

Jesús te ama tanto que estuvo dispuesto a morir en la cruz para que tú no tuvieras que recibir el castigo por tus pecados. Si crees esto y sabes que Jesús quiere perdonarte por tus pecados, puedes estar seguro de que Jesús quiere perdonarte y estar contigo para siempre. Él quiere entrar en tu vida para que seas su amigo y un día vayas al cielo a estar con él para siempre. Cuando crees que Jesús ha hecho esto por ti y te arrepientes de las cosas malas que has hecho, dicho y pensado, estás listo para pedirle a Jesús que entre en tu vida. Jesús te ama tanto.

Sea cual sea la forma que elijas para comunicar el mensaje, es importante dejar claro lo esencial:

1. No vivimos como Dios quiere.
2. Nuestras malas acciones, palabras y pensamientos se llaman pecado.
3. Dios debe castigar nuestros pecados.
4. Jesús nos ama, y se ha ofrecido para ser castigado por nuestros pecados.
5. Si venimos a Jesús y nos arrepentimos del pecado en nuestras vidas, Jesús nos perdona y nos limpia.

Asegúrate de que tus hijos reconozcan su necesidad de Jesús, entiendan lo que ha hecho por ellos, muriendo en su lugar, y sean conscientes "de su necesidad de pedirle perdón". Sobre todo, comunícale a tus hijos que Dios hace todo esto por ellos porque los ama mucho.

Cuando un niño o un miembro de la familia recibe la asombrosa gracia de Dios a través de la fe en Jesús, es el momento de parar y hacer una fiesta. Es un momento digno de celebración. Haga un punto de regocijo. Haga una cena especial. Tómese una foto. Marque la fecha en su calendario. Es un gran acontecimiento. Comparta la noticia con otros miembros de la familia que sean seguidores de Jesús e invítalos a orar por este nuevo creyente. Un compromiso con Jesús es el comienzo de un nuevo capítulo en la vida. Ahora es el momento de ayudar a esta persona a dar los siguientes pasos de crecimiento espiritual. Es importante que aprenda a leer y estudiar la Biblia, que crezca en la oración, que utilice sus dones para servir a los demás, que comparta su fe y que se comprometa con los demás.[4]

JARDINERÍA ORGÁNICA

PREPARACIÓN DEL SUELO

Revisión del corazón. Dedícate algún tiempo a reflexionar y orar sobre cada de tus hijos. ¿Dónde sientes que está su corazón con Jesús? ¿Cómo están abiertos al evangelio? ¿Qué podría estar impidiendoles a conocer y caminar con Jesús? ¿Cómo puedes ayudar a cada uno de tus hijos a conectar más estrechamente con Jesús?

ESPARCIENDO SEMILLAS

El tiempo de Dios. Como adultos, podemos movernos rápido y sin darnos cuenta presionar a nuestros hijos a hacer compromisos espirituales para los que no están listos para ello. Pídele a Dios que te ayude a caminar con cada uno de tus hijos a un ritmo que funcione para ellos. Si tú estás muy orientada hacia las metas y tiendes a esforzarte, procura no hacer lo mismo con tus hijos. Confiesa a Dios, e incluso a tus hijos, si los has estado presionando. Pide al Espíritu Santo que te ayude a esparcir siempre la semilla del evangelio, invita regularmente a tus hijos, pero nunca los presiones a dar un paso que no estén preparados para darlo.

REGAR CON LA ORACIÓN

Los próximos pasos. Si tú tienes un hijo o hija que ha recibido a Jesús como su Salvador, asegúrate de regocijarte en esta realidad a menudo. Haz todo lo que puedas para ayudar a cada uno de tus hijos a conectarse con Dios en formas que se ajusten a su estilo y ayudarles a profundizar en la fe. Si no estás segura de por dónde empezar considera conseguir una copia del libro *Seismic Shifts* (Cambios Sísmicos) y usarlo como una herramienta para el crecimiento familiar en el estudio de la Biblia, la oración, la adoración, las relaciones piadosas, y alcanzar a otros con la gracia de Jesús.

Capítulo Cuatro

Alcanzando a Tu Familia Extendida

Kevin

¡Ven, pueblo de Jacob, y caminemos a la luz del Señor!

— *Isaiah 2:5*

La Gran Comisión no es una opción a considerar; es un mandato a obedecer.

— *Hudson Taylor*

Mi esposa, Sherry, creció en un hogar cristiano maravilloso, y hoy todos sus hermanos son devotos seguidores de Jesús gracias a los años de oración de sus padres. De hecho, no sólo los hijos, sino también todos los nietos aman y creen en Jesús, lo que llena de alegría a los padres de Sherry y a toda la familia, que está llena de seguidores de Jesús comprometidos y apasionados. Mi familia es muy diferente. Está llena de gente estupenda a la que quiero profundamente, pero nunca fue un hervidero de fervor evangélico. Yo era la rara manzana que caía lejos del árbol familiar. Sin embargo, por la gracia de Dios, muchos miembros de mi familia se han comprometido con Jesús y caminan con él. De hecho, alcanzar a mi familia extendida con el evangelio ha sido una pasión consumidora de mi vida desde el día que acepté a Jesús como mi Salvador y Líder. Anhelo cada día que conozcan y amen a Jesús. Anhelo que experimenten su asombrosa gracia y su amistad que cambia vidas. Oro por ellos y busco oportunidades para compartir las buenas noticias con ellos. Durante las últimas tres décadas, he aprendido algunas lecciones valiosas sobre cómo llegar a los miembros de la familia y compartir la gracia de Jesús de manera orgánica y natural.

PACIENCIA, PACIENCIA, PACIENCIA

Lo más importante es que he aprendido a compartir el amor de Jesús con los miembros de la familia, no es una carrera de fondo con la familia extendida. Es un maratón. Hacer un evangelismo orgánico a los padres, hermanos, abuelos, tías, tíos, y suegros toma tiempo y paciencia concedida por el Espíritu. Tengo un familiar que viene de un entorno muy intelectual. Es un pensador profundo y un lector comprometido, y vacilaba entre el ateísmo y el agnosticismo. Oré por él, compartí mi camino con Jesús y le presenté el evangelio en muchas ocasiones a lo largo de dos décadas. A veces, cuando más oraba y tenía algunas de las mejores conversaciones espirituales con él, parecía estar más lejos de Dios que nunca. Para mí no tenía sentido. Un día se mostraba abierto, y al siguiente se echaba atrás o se alejaba. Sabía que había batallas espirituales, pero fue muy frustrante.

Le di libros como *Mere Christianity* (Mero Cristianismo), de C. S. Lewis, *Evidence That Demands a Verdict* (Pruebas que exigen un veredicto), de Josh McDowell, y *The Case for Christ* (El caso de Cristo), de Lee Strobel. Aunque leyó los libros y reflexionó sobre ellos, no quiso dar ese paso de fe para creer en Jesús. A pesar de lo mucho que amaba a este hombre, hubo momentos en los que me sentí descorazonado, desanimado y listo para darme por vencido. Estuve tentado muchas veces de ir a pastos más verdes y enfocarme en personas que parecían más abiertas al evangelio. Pero Dios seguía llamándome a orar, a compartir una vez más y a buscar nuevas formas de conectarlo con Jesús. Después de casi veinte años, su corazón empezó a ablandarse. Empezó a hacer nuevas preguntas sobre Jesús, la Biblia y la fe cristiana con un sentido de urgencia y apertura. Con el tiempo había reflexionado sobre muchas de sus preguntas, pero se dio cuenta de que nunca podría llegar hasta Jesús a través de su intelecto. Era necesario dar un paso de fe, una auténtica entrega. Cuando por fin clamó a Jesús pidiendo limpieza y nueva vida, se transformó. Fue una alegría verlo. El Espíritu Santo entró como una brisa fresca de primavera y dio vida a este hombre. Una nueva amabilidad marcó sus interacciones con otros miembros de la familia. Un espíritu de gracia se apoderó de su corazón. Y orientó su vida hacia las cosas de Dios.

Fueron necesarias dos décadas de oración paciente, de compartir, de amistad y de conversaciones arriesgadas, pero todo valió la pena. Sé que hubo momentos en los que fácilmente podría haberme rendido. Y estoy muy agradecido de que la paciencia es uno de los frutos del Espíritu[1].

Ora por la paciencia cuando te acerques a los miembros de tu familia inmediata o extensa. No te des por vencido. Incluso mientras escribo esto, todavía tengo familiares que no son seguidores de Jesús. He estado orando por algunos de ellos por casi treinta y cinco años. He tenido cientos de conversaciones con ellos, he compartido innumerables historias de cómo Dios se ha movido en mi vida, y he presentado las buenas noticias de Jesús en más ocasiones de las que puedo recordar. A veces me canso y me desanimo. En esos momentos, hago lo que espero que tú aprendas a hacer: Oro por poder y paciencia. Luego sigo adelante. Recuerdo que Dios fue paciente conmigo, y yo trato de ser paciente con ellos, sabiendo que Dios trabaja a través de las oraciones de su pueblo a su debido tiempo.

UN ESLABÓN EN LA CADENA

Llegar a tu amplia familia es un maratón que requiere resistencia y un compromiso a largo plazo, pero también es una carrera de relevos. ¿Has visto alguna vez una carrera de relevos? Un miembro del equipo corre todo lo que puede, derrochando cada gramo de fuerza y energía, luego se esfuerza y entrega la batuta al siguiente competidor. Cada miembro del equipo hace su parte de la carrera y luego se apoya en otra persona para la siguiente etapa. Necesitamos recordar que somos parte de un equipo cuando se trata de compartir el evangelio. ¡No estás corriendo solo! Una de las primeras personas para mi fe fue mi abuela. La madre de mi padre oraba para que mis hermanos y yo conociéramos el amor de Dios cuando éramos muy pequeños. Más tarde, una niñera creyente comprometida llamada Cheryl impactó mi vida con su espíritu bondadoso y su amabilidad constante, y compartiendo historias bíblicas.

Incluso me llevó a la iglesia y a la escuela dominical algunas veces. Cuando se convirtió en seguidora de Jesús, mi hermana Gretchen tomó el relevo, orando por mí e invitándome a su grupo de jóvenes. Una vez que empecé a asistir a un grupo de jóvenes, dos universitarios llamados Doug y Glenn se hicieron amigos míos, modelaron una vida cristiana alegre, y me contaron la historia de Jesús. Al mismo tiempo, Dan Webster, el pastor de jóvenes, traía mensajes poderosos y relevantes a una gran sala llena de chicos de secundaria. Su etapa de la carrera llegó en un momento en que mi corazón se estaba ablandando hacia Dios. Finalmente, Doug Webster y Doug Fields presentaron el evangelio y me dieron una oportunidad de responder y recibir al Salvador

Cada una de estas personas llevó la batuta durante parte de la carrera. Ellos fueron un eslabón más en la cadena que Dios usó para alcanzarme y moverme hacia la fe en Jesús. No todos estaban presentes cuando crucé la línea de la fe, confesé mis pecados y recibí a Jesús como Salvador en una casa flotante en el Delta del Sacramento. Sin embargo, cada una de estas personas estaba presente en mi corazón. Cada eslabón de esa cadena era importante. Todos ellos corrieron su etapa de la carrera e hicieron su parte para guiarme hacia el Salvador.

Cuando se trata de llegar a los miembros de nuestra familia, nuestra oración debe ser: "Señor, permíteme ser un eslabón de la cadena". Pídele a Dios que use tus testimonios de fe para llegar a los miembros de tu familia. Busca oportunidades para compartir el sencillo mensaje del nacimiento, vida, muerte y resurrección de Jesús. Cuando sea el momento oportuno, invita a los miembros de tu familia a confesar sus pecados, recibir a Jesús y comenzar una nueva vida de fe como creyentes. Tu enlace puede ser compartir tu testimonio. Dios puede usarte como modelo de alegría en tiempos difíciles. Puede que seas tú quien comparta el evangelio una vez más y ver la luz del Espíritu Santo revivir en los ojos de un miembro de la familia mientras oran para recibir a Jesús y arrepentirse del pecado. Tu llamada es hacer tu parte, sea cual sea. Mientras recorres el camino de la fe con los miembros de tu familia, ora a Dios que envíe a muchas otras personas para que sean eslabones de la cadena.

Cuando mi hermano menor vivía en Europa y formaba al personal de un nuevo restaurante, pedí a Dios que le enviara a otras personas de su edad para que estuvieran a su lado y le mostraran el amor de Jesús. Creía que necesitaba que oyera hablar de la gracia y el poder de Dios de personas de su edad y no sólo de su hermano mayor. Cuando comenzó a salir con una chica creyente maravillosa, oré para que ella lo influenciara para el evangelio. Con el tiempo se convirtió en un seguidor de Jesús, y terminaron casándose, teniendo una hermosa familia, y sirviendo a Jesús en su hogar, en las escuelas públicas y en una iglesia local. Yo fui parte de la historia de Jason, un eslabón en la cadena. Llevé la batuta durante parte de la carrera. Dios me utilizó a mí y a muchas otras personas en su vida. Estoy eternamente agradecido de poder ser parte del plan de Dios para llegar a la gente con el evangelio, pero siempre recuerdo que soy uno de tantos.

Tú tienes un papel en la vida de cada persona que conoces y amas que aún no es seguidor de Jesús. Tienes un llamado a llevar el mensaje de Jesús a estas personas. Al acercarte a ellos de forma natural y orgánica, recuerda que no estás solo. Eres parte de un equipo de personas que corren juntas la carrera. Ora por las otras personas de tu equipo y alégrate de poder ser una fuente de influencia en las vidas de los miembros de tu familia.

LA FE VIENE POR EL OÍR

Ora por los miembros de tu familia que necesitan a Jesús. Sé paciente mientras caminas con ellos. Trabaja con otros para alcanzar a los miembros de tu familia, y regocíjate en esta asociación guiada por el Espíritu. Mientras haces todo esto, asegúrate también de expresar cómo Dios está obrando en tu vida. Las historias de fe tienen más poder de lo que crees y no deben reservarse para la familia inmediata, sino que deben compartirse también con la familia extendida. Ellos nos conocen. Recuerdan cómo éramos antes de tener fe en Jesús. Nos vieron transformados por la presencia del Espíritu Santo. Tenemos que explicar la fuente de este cambio, el origen de nuestra alegría y la razón de nuestra esperanza.[2] No debemos tener miedo ni vacilar a la hora de contar historias de la obra de Dios en nuestras vidas.

Algunas personas dicen: "Seré el eslabón de la cadena que ama y sirve pero nunca dicen una palabra". Pero esta no es una opción bíblica. Tú necesitas ser capaz de articular el mensaje salvador del evangelio. No debe ser un discurso memorizado. Debe ser una narración natural de la historia de Jesús. Para ayudarte a aprender y compartir esta historia con otros, he incluido una versión que cubre todos los elementos esenciales del evangelio. Familiarízate con la historia de manera que puedas contarla cómodamente de una forma que te resulte natural. Sea cual sea la forma que elijas para comunicar el evangelio, lo importante es que estés preparado para compartirlo con los miembros de tu familia cuando llegue el momento.[3]

EL EVANGELIO, LA BUENA NOTICIA DE DIOS

El amor de Dios por las personas es inmenso y asombroso. Dios te ama más de lo que las palabras pueden expresar. La Biblia está llena de este mensaje. El punto de partida de la salvación es el amor. No importa cómo te sientas y cómo te traten los demás, el amor de Dios es constante. Él anhela tener una relación íntima contigo.

"Pero tú, Señor, eres Dios clemente y compasivo, lento para la ira, y grande en amor y verdad."

— Salmos 86:15

"¡Fíjense qué gran amor nos ha dado el Padre, que se nos llame hijos de Dios! ¡Y lo somos! El mundo no nos conoce, precisamente porque no lo conoció a él.".

— 1 Juan 3:1

El ser humano rompió su relación con Dios al pecar. Pecado es la palabra que usa la Biblia para describir cualquier cosa que hagas que no sea coherente con el plan de Dios. Cualquier pensamiento que no honra a Dios, cualquier palabra que no es amable, y cualquier acción que lastima a otros o es contraria a la voluntad de Dios se llama pecado. La Biblia también enseña que cuando sabemos que hay algo bueno que debemos hacer y no lo hacemos, esto también es pecado. A la luz de esta definición, está claro que todos pecamos bastante, todos los días.

El pecado destruye nuestra relación con Dios. Él nos sigue amando, pero nuestro pecado abre una brecha entre él y nosotros. Dios quiere una relación restaurada, pero como Dios es perfectamente puro (santo), no puede mirar hacia otro lado y pretender que no hemos pecado. Como es perfectamente justo, debe castigar el pecado. En La Biblia el castigo para el pecado: Es la pena de muerte. Puede parecer duro, pero la santidad absoluta de Dios y su justicia sin parangón exigen que se pague este castigo supremo.

Esta es la peor noticia imaginable. A causa de nuestro pecado estamos separados del Dios que nos ama. Estamos condenados a la muerte a causa de nuestro pecado. Esta mala noticia puede parecer abrumadora hasta que nos damos cuenta de lo que Dios hizo para restaurar nuestra relación con él y liberarnos de la sentencia de muerte que pesa sobre nosotros.

> "pues todos han pecado y están privados de la gloria de Dios,"
>
> — Romanos 3:23

> "Porque la paga del pecado es muerte, mientras que la dádiva de Dios es vida eterna en Cristo Jesús, nuestro Señor."
>
> — Romanos 6:23

Dios hizo algo con respecto a este problema, y lo que hizo es la mejor noticia de la historia. Dios se ofrece a pagar el precio por nosotros. Vino a esta tierra como un hombre, Jesús. Esto es lo que celebramos en Navidad. Jesús era Dios en un cuerpo humano. Jesús vivió una vida real, con alegrías, dolor y tentaciones reales, y experimentó todo lo que nosotros afrontamos. Pero aquí está la diferencia: Jesús nunca pecó. No tuvo ningún pensamiento, motivo o acción que deshonrara a su Padre. Nunca dijo una palabra hiriente o equivocada.

Jesús fue acusado de crímenes que no cometió y condenado a muerte. Fue desnudado, golpeado, ridiculizado y clavado en una cruz, ejecutado como un criminal común. Jesús sufrió esto para que nosotros no tuviéramos que pagar el precio de nuestros pecados. Su muerte, la muerte que merecemos morir, la pagó Él. Luego resucitó de la tumba con gloria como señal de su victoria sobre el pecado y la muerte. Si aceptamos a Jesús, entramos en una relación con Dios Padre, y en lugar de la muerte se nos da la vida eterna.

El evangelio se llama la buena noticia porque se nos ofrece perdón por todos los males que hemos cometido y cometeremos. Podemos tener una nueva vida y una relación restaurada con Dios a través de Jesús. No lo ganamos ni lo merecemos, y no podemos atribuirnos el mérito. Lo único que podemos hacer es aceptarla.

> Porque tanto amó Dios al mundo que dio a su hijo unigénito, para que todo el que cree en él no se pierda, sino que tenga vida eterna.
>
> — Juan 3:16

> "En esto consiste el amor: no en que nosotros hayamos amado a Dios, sino en que él nos amó y envió a su hijo para que fuera ofrecido como sacrificio por el perdón de nuestros pecados.."
>
> — 1 Juan 4:10

¿Cómo puede una persona aceptar a Jesús, tener sus pecados lavados y restablecer su relación con Dios? La salvación es un regalo; no se gana marcando casillas en una lista de buenas obras. La salvación sólo se puede recibir a través de la fe en Jesús. La fe comienza pidiéndole a Jesús que te perdone y se convierta en el líder de tu vida. Este paso de fe significa admitir que has pecado contra Dios y que te arrepientes de tus pecados. Significa pedirle a Dios que te ayude a vivir una vida nueva y cambiada que lo honre.

No hace falta que conozcas muchos términos religiosos rebuscados. Dile a Dios que sabes que has pecado. Expresa tu dolor por tu pecado y pide el perdón que viene a través del precio que Jesús pagó cuando murió en la cruz. Invita a Jesús a entrar en tu vida y a guiarte desde este momento hasta la eternidad. Puedes expresar esta oración con tus propias palabras, o puedes utilizar una oración sencilla como ésta:

> Querido Dios, vengo a ti para expresarte que te necesito más que nunca y para confesarte mis pecados. He pensado, dicho y hecho cosas que no te agradan. Me doy cuenta de que mis pecados me causan una sentencia de muerte. Sé que enviaste

a Jesús, Tu único hijo, para pagar el precio de mis pecados muriendo en mi lugar en la cruz. Creo que Jesús está vivo, resucitado de entre los muertos, y está conmigo ahora mismo. Jesús, gracias por pagar el precio por mí. Necesito Tu perdón. Quiero que entres en mi vida y Te conviertas en mi líder a partir de este momento. Gracias por todo lo que has hecho y todo lo que harás en mi vida. Amén.

Cuando hayas elevado esta oración desde un corazón sincero podrás estar seguro de que ahora estás en una relación restaurada con Dios y que todos tus pecados han sido perdonados.

"Si confesamos nuestros pecados, Dios, que es fiel y justo, nos los perdonará y nos limpiará de toda maldad."

— 1 Juan 1:9

"Tan lejos de nosotros echó nuestras transgresiones como lejos del oriente está el occidente."

— Salmo 103:12

"que, si confiesas con tu boca que Jesús es el Señor y crees en tu corazón que Dios lo levantó de entre los muertos, serás salvo.."

— Romanos 10:9

¿QUÉ ES EL EVANGELIO?

Vivimos en una época en la que muchos creyentes que asisten a la iglesia están confundidos sobre el evangelio. ¿Qué es el evangelio? La palabra evangelio significa "Buena Noticia". El evangelio es una noticia antes que cualquier otra cosa—anuncio de lo que Dios ha hecho por nosotros en Jesucristo. Por la gracia de Dios y por el poder del Espíritu Santo, el anuncio de esta trae cambio y transformación. Pero debemos recordar que este cambio no es el evangelio, sino su fruto.

Llevar agua limpia a los necesitados no es el evangelio. Proporcionar dar comida y ropa a los pobres no es el evangelio. Los actos amables de servicio no son el evangelio. Todos estos actos de compasión son importantes, y Jesús nos llama a realizarlos. Pero estas acciones en sí mismas no son el evangelio. Son el fruto que crece en nuestras vidas cuando hemos acogido la buena noticia de Jesús. El evangelio es el simple mensaje de la vida, muerte y resurrección de Jesús por nuestros pecados. Este mensaje, comunicado con palabras, siempre ha sido el evangelio. Y siempre lo será.

Nuestros actos de misericordia y compasión pueden ser considerados como pre-evangelismo, abriendo el camino para el evangelio. Pero nuestros actos de servicio compasivos y motivados por el amor, nunca bastan para salvar a la gente. La gente necesita escuchar la historia de Jesús y el mensaje del amor de Dios revelado en la vida, muerte y resurrección de Cristo. El evangelio es el mensaje transformador de la salvación que se encuentra sólo en Jesús. La verdad del evangelio y la gracia de Jesús son lo que nos transforma.

El mensaje que estamos llamados a comunicar es el mismo que el apóstol Pablo habló con tanta claridad y convicción hace dos mil años: "Ahora, hermanos, quiero recordarles el evangelio que les prediqué, el mismo que recibieron y en el cual se mantienen firmes. Mediante este evangelio son salvos, si se aferran a la palabra que les prediqué. De otro modo, habrán creído en vano. Porque ante todo les transmití a ustedes lo que yo mismo recibí: que Cristo murió por nuestros pecados según las Escrituras."[4]

Nuestras acciones pueden dar a alguien pruebas de que Dios actúa, de que Dios los ama y cuida de ellos, pero nuestras acciones no pueden traer la esperanza de la eternidad. Sólo el evangelio puede hacerlo. Nuestro servicio revela la presencia de Jesús. Él es quien lavó los pies de la gente pecadora y compartió su vida para que pudieran entrar en una amistad con él que les llevaría a la salvación. Nuestra compasión y nuestro ministerio misericordioso en el mundo preparan un lugar para que el evangelio sea proclamado, pero todavía necesita ser proclamado. La Biblia enseña que la fe viene por el oír la palabra de Dios.[5] Cuando las personas escuchan el mensaje del evangelio, son resucitadas a una nueva vida gracias a la obra del Espíritu Santo.

DIFERENTES ESTILOS

Esto significa que tenemos que conocer el mensaje central de la buena noticia de Jesús, pero no significa que sólo haya una manera de compartir ese mensaje con los miembros de la familia. Aunque compartamos un ADN similar y una historia familiar común, cada persona es única, por lo que no podemos limitarnos a memorizar un guión y recitar cada vez que se nos presente la oportunidad. No lo hacemos en ningún otro ámbito de la vida, así que ¿por qué habríamos de hacerlo con el evangelio?

No esperes que un enfoque único funcione cuando te acerques a los miembros de tu familia. Cada persona tiene su propio estilo. Necesitamos saber cómo compartir las buenas noticias de Jesús en una variedad de formas para que podamos encontrar la forma que sea más natural para la persona con la que estamos compartiendo. Este es el corazón de la evangelización orgánica: compartir nuestra fe de forma natural con los demás. El verdadero evangelismo es más que recitar un mensaje memorizado. Es mirar a una persona a los ojos y pensar en quién es. Es conocer su corazón y su historia lo suficiente como para presentar el evangelio de una manera que se adapte a ellos justo donde están. La clave está en conocer el corazón, las necesidades y la condición espiritual de la persona a la que te diriges.[6]

Hablaba con una mujer de mi familia que llevaba unos veinticinco años investigando la fe cristiana de forma intermitente. A esta mujer le apasiona la música. La música le llega al alma de una manera profunda y fiel a lo que ella es, así que a lo largo de los años, le regalé buena música cristiana. Le encantaba. El mensaje de Jesús cobraba vida en su corazón a través de esa música. Con el tiempo, comenzó a asistir a una maravillosa iglesia cerca de su casa, y se unió al coro. Aún no era seguidora de

Jesús, pero le encantaba cantar y relacionarse con los demás miembros del coro, y ellos la acogieron con cariño. La música la ayudó a acercarse a Dios, pero todavía necesitaba escuchar el evangelio y ser invitada a responder. Un día, mientras ella y yo estábamos sentadas en su coche en un estacionamiento, volví a contarle la historia de Jesús. Esta vez estaba dispuesta a escucharla, y oré con ella para que recibiera a Jesús mientras confesaba sus pecados y su necesidad de la gracia de Jesús. Poco después tuve el privilegio de bautizarla. Todo el coro de la iglesia salió al patio y cantó mientras la bautizamos . ¡Qué día de regocijo!

No sientas que tienes que presentarle el evangelio en una versión empaquetada que te hayan enseñado. No obligues a todos a seguir el mismo molde. En lugar de eso, conoce a cada persona y descubre sus pasiones, sueños, gustos e intereses. Encuéntralos donde están mientras caminas con ellos hacia Jesús.

Jesús mostró este enfoque en su ministerio. Él conoció a una mujer en el pozo y en el desierto de sus necesidades y él le trajo agua viva por su gracia.[7] Encontró a Nicodemo, un líder religioso, en la noche y lo trajo a la luz.[8] Jesús encontró a un recaudador de impuestos llamado Zaqueo en un árbol y lo invitó a pasar el resto de su vida dando todo lo que había tomado injustamente de los demás.[9] Jesús se encontró con leprosos, líderes religiosos, prostitutas y pescadores justo donde estaban. Habló sus lenguajes. Entró en sus mundos. Les concedió la gracia mucho antes de que se la pidieran.[10]

ASUMIR RIESGOS

Cuando compartimos nuestra fe con desconocidos en un avión o en el metro, el riesgo es mínimo. Lo más probable es que nunca volvamos a ver a esas personas. Sin embargo, compartir la buena noticia de Jesús con un miembro de nuestra familia es arriesgado. Lo más probable es que tengamos cenas de Acción de Gracias, comidas de Navidad y reuniones familiares con ellos durante el resto de nuestras vidas. Quizá digas: "Cuando pienso en compartir el mensaje de Jesús, me pongo muy nervioso". Si es así, ¡ora mucho! No dejes que los nervios te dominen. Tú amas a la gente de tu familia. Quieres que conozcan la amistad gozosa y la esperanza que viene al recibir a Jesús.

Arriésgate. Ama, sirve, cuida, cuenta tus historias de fe y comparte las buenas noticias de Jesús. Pero hazlo con naturalidad, orgánicamente. Sé valiente y amable. Si llega un momento en el que te parece apropiado contar la historia de Jesús, simplemente pídele permiso. Mira a tu madre, hermano, tía o sobrino y dile: "¿Te parece bien que te cuente lo que Jesús hizo por mí y cómo mi relación con Jesús ha transformado mi vida? "Si te dicen que sí, tienes su permiso. Cuéntaselo con un lenguaje común y con sincera emoción. Este podría ser el día en que tu familiar se convierta en tu hermano o hermana en la fe como parte de la familia eterna de Dios. Si dicen: "No, gracias, no me interesa en este momento", habrás aprendido más sobre dónde se encuentran en su camino espiritual. El riesgo siempre merece la pena.

Ojalá pudiera decir que todos los miembros de mi familia son seguidores de Jesús, pero no todos lo son. Sin embargo, muchos de ellos han llegado a conocer su amor y su gracia. Mi hermana mayor, Gretchen, fue la primera en arrodillarse ante Jesús. Tiene un amor profundo y auténtico por Jesús y lleva muchos años dirigiendo una clase bíblica para niños con la ayuda de su hijo en una gran iglesia de Irvine. Mi hermana pequeña, Lisa, se convirtió en seguidora de Jesús a una edad temprana. Ella y su esposo, Brian, están criando a sus hijos para que amen a Jesús. Su empresa ayuda a las personas a conseguir empleo, y lo hacen con una clara visión cristiana del mundo.[11] Mi hermano, Jason, ama a Dios con pasión. Él y su esposa, Mindy, también están enseñando a cada uno de sus hijos a amar y caminar con Jesús. Él está sirviendo en una iglesia local como director de música a tiempo parcial, además de su trabajo a tiempo completo. Finalmente, mi hermana mayor, Ali, entregó su vida a Jesús, y yo la bauticé en la iglesia en donde ella asistía cuando entregó su corazón al Señor.

Mi abuela, que se fue con Jesús hace casi dos décadas, oró para que la mano de Dios se moviera a través de nuestra familia. Así ha sido y así sigue siendo. Ella era un eslabón de la cadena, como lo soy yo y como lo es mi esposa, Sherry. Ahora nuestros hijos también forman parte de nuestro ministerio en la familia, junto con mis hermanos y algunos primos. En mi familia extendida, ahora hay muchas personas que son seguidores de Jesús, pero todavía hay muchos que no han respondido al evangelio.

Al ministrar a su familia inmediata y extendida, sea audaz y valiente. Sé amable y humilde. Pídele paciencia a Dios. Este viaje se parece más a un maratón que a una carrera de velocidad. Recuerda que tú eres un eslabón importante en la cadena, pero no todo depende de ti. Hay muy pocas cosas más gloriosas que mirar a un miembro de la familia confesar su fe en Jesús, arrepentirse de sus pecados y nacer de nuevo. Todo el cielo se regocija, y tú también puedes hacerlo.[12] Oro para que cada miembro de tu familia se convierta en un apasionado creyente y siervo de Jesús. Por favor, ora lo mismo por los míos.

JARDINERÍA ORGÁNICA

PREPARACIÓN DEL SUELO

Práctica la paciencia. Piensa en familiares que todavía están lejos de Jesús. Puede que hayas estado orando por ellos y acercado a ellos durante años o incluso décadas. Si te has cansado, pídele a Dios que te conceda paciencia a largo plazo. Comprométete a continuar alcanzando, orando, amando y compartiendo el mensaje de Jesús con estos miembros de la familia sin importar el tiempo que tome.

ESPARCIENDO SEMILLAS

Cómo hablar de las buenas noticias. Cada uno de los miembros de nuestra familia es único y necesita escuchar el mensaje de Jesús de una manera que conecte con ellos. Pídele a Dios que te dé la sabiduría para saber cómo comunicarlo con valentía cuando llegue el momento. En familia, dediquen tiempo a contar la historia del evangelio. Practiquen hablar del mensaje central del evangelio: El amor de Dios, nuestro pecado, el sacrificio de Jesús que paga el precio por cada uno de nosotros y el poder de la resurrección. Utiliza los ejemplos de este capítulo, pero no trates de memorizarlos. Capta el mensaje central y exprésalo con tus propias palabras. Tu forma de contar la historia de Jesús será un poco diferente para cada persona con la que hables.

REGAR CON LA ORACIÓN

Ora por tus compañeros. Pasa tiempo en oración agradeciendo a Dios por los otros creyentes que ha enviado a las vidas de los miembros de tu familia. Alaba a Dios porque tú eres parte de un equipo de personas que buscan alcanzar a su familia. Si tienes hijos o familiares que tienen muy pocas conexiones con seguidores comprometidos de Jesús, pídele a Dios que envíe algunos nuevos amigos, colegas de trabajo o vecinos que hagan brillar la luz de Jesús en sus vidas.

Parte Dos

CRIAR HIJOS DE LUZ EN UN MUNDO OSCURO

El camino sólo empieza cuando nuestros hijos conocen y aman a Jesús. Dios quiere que nuestros hijos e hijas se unan a nosotros para hacer brillar la luz de su amor y su gracia a los demás. Nuestros hijos viven cada día en un mundo que echará agua fría sobre su entusiasmo e intentará apagar la llama del Espíritu de Dios que está viva en ellos. Como padres, tenemos el privilegio de educar a nuestros hijos de manera que puedan brillar.

Esto sucede cuando proporcionamos un lugar donde nuestros hijos aprenden a caminar en la luz y a resistirse a la oscuridad. Los hogares de luz ofrecen a nuestros hijos un refugio seguro contra las tormentas de la vida. Son una sala de urgencias donde se curan los corazones rotos, se curan las heridas y se enseña a llevar una vida sana. Los hogares faro son lugares donde la diversión, la alegría y el juego son normativos y donde a nuestros hijos y a sus amigos les encanta pasar el tiempo. Nuestros hijos aprenden a brillar con la luz de Jesús cuando la oración ocupa un lugar central en nuestros hogares. El mejor lugar para que nuestros hijos se llenen de pasión por el evangelio y aprendan a compartirlo con los demás es justo donde viven. Como padres, podemos hacer de nuestros hogares lugares de gracia y ayudar a nuestros hijos a convertirse en portadores de la luz de Dios en este mundo oscuro.

Capítulo Cinco

El Hogar Como Refugio Seguro

Sherry

El Señor es mi luz y mi salvación; ¿a quién temeré? El Señor es el baluarte de mi vida; ¿quién podrá amedrentarme?".

— *Salmos 27:1*

Ustedes, en cambio, hermanos, no están en la oscuridad para que ese día los sorprenda como un ladrón. 5 Todos ustedes son hijos de la luz y del día. No somos de la noche ni de la oscuridad. 6 No debemos, pues, dormirnos como los demás, sino mantenernos alerta y en nuestro sano juicio.

— *1 Tesalonicenses 5:4-6*

Los marineros comprenden el valor de un puerto seguro. Después de un tiempo en alta mar, es estupendo llegar a un puerto para descansar, aprovisionarse y prepararse para volver a zarpar. Cuando se avecina una tormenta, es reconfortante acercarse a un puerto donde haya protección contra las olas y las rocas escarpadas de la costa. Los barcos se construyeron para navegar en mar abierto, pero los marineros saben que necesitan refugios seguros en el camino hacia su destino.

Nuestros hogares deberían ser lugares seguros, refugios para nuestros hijos en este mundo azotado por las tormentas. Deben saber que su casa es un lugar donde pueden sentirse seguros, abastecerse de las provisiones que necesitan y reponer fuerzas para emprender la siguiente aventura. Nuestros hijos podrán capear las tormentas de la vida si saben que tienen un refugio seguro en el que navegar.

DIOS ES NUESTRO REFUGIO

Dios conoce nuestra necesidad de protección y de lugares seguros. La Biblia habla a menudo de Dios como lugar seguro para que su pueblo se refugie del peligro y de los ataques de sus enemigos. Lee despacio estos pasajes y reflexiona sobre cómo se presenta a Dios como lugar de seguridad, refugio y provisión:

"Una sola cosa le pido al Señor,
   y es lo único que persigo:
habitar en la casa del Señor
   todos los días de mi vida,
para contemplar la hermosura del Señor
   y recrearme en su templo.
Porque en el día de la aflicción
   él me resguardará en su morada;
al amparo de su tabernáculo me protegerá,
   y me pondrá en alto, sobre una roca.
Pero de una cosa estoy seguro:
   he de ver la bondad del Señor
   en esta tierra de los vivientes."

— Salmos 27:4-5, 13

"Porque tú eres mi refugio,
   mi baluarte contra el enemigo.

Anhelo habitar en tu casa para siempre
y refugiarme debajo de tus alas."

— Salmos 61:3 – 4

"El Señor es mi pastor, nada me falta;
en verdes pastos me hace descansar.
Junto a tranquilas aguas me conduce;
me infunde nuevas fuerzas.
Me guía por sendas de justicia
por amor a su nombre."

— Salmos 23:1-3

El Salmo Veintitrés es a menudo llamado "El Salmo del Pastor". Incluso las personas que no se consideran creyentes adoran las palabras de esta porción de la Biblia. ¿Por qué? Porque es una declaración llena de esperanza de que existe un lugar donde se satisfacen las necesidades, donde las aguas son tranquilas y los pastos verdes, y donde las almas pueden ser refrescadas. Es una promesa de que encontraremos una dirección clara, que el mal no gobierna, que se ofrece consuelo y que Dios está cerca. Todos anhelamos un lugar así. Y la buena noticia es que ese lugar existe cuando estamos cerca del buen pastor. Como indican estos pasajes, Dios mismo es nuestra torre fuerte, nuestro refugio, nuestra fortaleza, y el único refugio seguro que realmente traerá paz y consuelo a una vida azotada por la tormenta. En última instancia, Dios es donde encontramos nuestra seguridad y fortaleza. Él nos conduce a aguas tranquilas y nos proporciona verdes pastos. Si Dios habita en nuestro hogar y Jesús está vivo en nosotros, nuestros hijos encontrarán un refugio seguro cada vez que entren por la puerta. No importa si tienen siete o veintisiete años; sentirán la paz, el calor y la gracia de Jesús cuando entren. La gente se sentirá atraída por la luz y la calidez que emiten nuestros hogares a través de nuestras relaciones mutuas y la evidente paz y alegría que nos da nuestra relación con Dios. Un hogar seguro es más que un lugar de seguridad física: es un refugio porque Dios habita en el y su presencia es conocida.

Muchos hogares son lugares de confusión y dolor, más parecidos a una zona de guerra que a un refugio. Muchos niños no tienen un lugar donde sentirse seguros, ni siquiera su propia casa. Hay una necesidad desesperada de hogares en cada comunidad donde la gente se sienta recibida y amada. Esta recibida puede expresarse de maneras sencillas: ofreciendo palabras de amabilidad, saludando a cada persona por su nombre y con una sonrisa, o atrayendo a la gente a conversaciones, haciéndoles preguntas y mostrando interés por sus vidas. Pero antes de poder hacer nada de esto, necesitamos establecer algunas prácticas fundacionales, límites que nos ayuden a servir eficazmente a las personas que entran en nuestra casa.

LO PRIMERO ES LO PRIMERO

Tenía a mi hijo recién nacido cerca de mí, firmemente abrazado. Estaba en un avión, preparándome para partir, y aunque había volado muchas veces antes, esto me parecía totalmente diferente. Era la primera vez que viajaba en avión como madre primeriza. La azafata me daba las instrucciones habituales previas al despegue: "En caso de emergencia, las máscaras de oxígeno descenderán de sus asientos. Para iniciar el flujo de oxígeno, tire firmemente de la mascarilla hacia usted para extender el tubo de plástico. Colóquese la mascarilla sobre la nariz y la boca, deslice la banda elástica sobre la cabeza y apriete las correas según sea necesario. Aunque la bolsa no se infle, el oxígeno fluye hacia la mascarilla. Asegúrese la mascarilla antes de ayudar a sus hijos u otras personas".

Aunque había oído estas instrucciones innumerables veces, esa última línea me llamó la atención. "Asegúrese la máscara antes de ayudar a sus hijos o a otras personas". Nunca lo había notado antes. Empecé a pensar en lo egoísta que parecía. "¡Tiene que ser una broma! Si hay una emergencia, la primera persona que debe ponerse una mascarilla es mi bebé, no yo. ¿Qué padre se salvaría a sí mismo a costa de su hijo?". Sin embargo, no tardé en darme cuenta de lo acertado de sus instrucciones. Me di cuenta de que si quería ayudar a mi hijo, tenía que estar viva. Si no recibía oxígeno, me desmayaría y no podría ayudar a mi hijo. Tenía todo el sentido del mundo.

Comparto esta historia porque creo que es sabio hablar de las cosas que necesitamos tener en su lugar antes de atender las necesidades de los demás. Nuestros hogares no pueden ser lugares de ayuda y seguridad para los demás si no tenemos cimientos. Como ya hemos dicho, el fundamento más importante es que Dios forme parte activa de nuestra vida. Cuando Jesús reina como Señor, el Espíritu Santo está presente y el amor del Padre es evidente, entonces podemos dar pasos adicionales para hacer de nuestro hogar un refugio seguro.

CONTINUIDAD

Establecer continuidad entre nuestras palabras y acciones es el primer elemento para construir un hogar que sea un refugio seguro. Los padres que viven de forma contraria a lo que enseñan crean un entorno inestable. Una desconexión entre lo que un padre dice y hace cultiva la desconfianza, y no hace que un niño se sienta seguro. Le pedimos a nuestro hijo mayor, Zach, que compartiera su opinión sobre la importancia de la continuidad entre lo que un padre dice y lo que un padre hace.

HAZ LO QUE DIGO, NO LO QUE HAGO

Zach Harney

En toda relación hay un alumno y un profesor. Aunque la mayoría de las relaciones no están necesariamente enmarcadas de esta manera, esto siempre es cierto. Entre dos amigos, los papeles pueden cambiar, dependiendo de dónde se encuentre cada persona en su viaje espiritual. Sin embargo, la dinámica entre un hijo y un padre es diferente. Aunque un padre nunca se apunta al papel de maestro, eso es exactamente lo que es. Desde que el niño nace hasta que se va de casa, los padres son los primeros instructores y modelos de la moral y los valores cristianos. El maestro de escuela de un niño, el líder de un grupo juvenil, e incluso el pastor pueden salirse con la suya predicando o enseñando una cosa y viviendo otra, pero nunca un padre. Los niños son mucho más perceptivos de lo que la mayoría de la gente piensa, y aunque la mayoría de los padres lo saben, no es lo que sus acciones implican.

La frase "Haz lo que yo digo, no lo que yo hago" nace de la pereza y la ignorancia de los padres. Se oye del padre que enciende un cigarrillo delante de su hijo, pero que desea desesperadamente que su hijo se libre del mismo vicio. Se oye de la madre que se sirve la última copa de vino de la noche, la que la llevará al límite, más allá del punto de responsabilidad. Se oye en cualquier lugar en el que un padre quiere escapar de sus deberes parentales por un momento, o quizá más, y sus deseos personales ganan a la abnegación. Esta frase es la tarjeta de salida de la cárcel para la responsabilidad parental. El problema es que no funciona.

En esta tierra, el ejemplo más constante que tiene un niño de cómo vivir son sus padres. Incluso un padre que no está presente es un modelo de crianza, y a veces este modelo es el más penetrante y duradero. Los niños oyen lo que dicen sus padres y ven la mayor parte de lo que hacen. Para bien o para mal, el hogar es un lugar de honestidad total, donde se eliminan los muros y las reacciones más instintivas son moneda común. Si el objetivo de un padre cristiano es criar hijos e hijas que vivan vidas fructíferas y con éxito, entonces tiene que modelar esto; no hay forma de evitarlo. Si un padre cristiano enseña valores cristianos y moral, pero no la vive, sus hijos se verán afectados de un modo u otro. En el mejor de los casos, inconscientemente verán a su padre como un fraude y alguien con poca integridad, y en lo peor, pueden alejarse de la fe cristiana debido al nivel de hipocresía que impregna toda su educación. Cuando eres padre, tus hijos te observan.

Crecí en un hogar donde se practicaba lo que se predicaba. La gente a menudo me pregunta cómo fue crecer en el hogar de un pastor, y yo les digo que es la razón principal por la que soy el hombre que soy hoy. Desgraciadamente, muchos hijos de pastores crecen oyendo a sus padres o madres hablar de la vida cristiana en la iglesia y luego les ven mostrar muy poco de lo que les enseñan constantemente. Hay una razón principal por la que mi pastor favorito es mi padre, y es porque sé inequívocamente que casi cada palabra que predica desde el púlpito es una verdad que él está viviendo actualmente o trabajando muy duro para vivirla a diario. Cuando mi madre y mi padre imparten seminarios sobre cómo tener un buen matrimonio, todo tiene peso, porque puedo verles vivir cada día lo que enseñan. He visto a innumerables padres que viven su fe orgánicamente delante de sus hijos, y a muchos que no lo hacen. Permítanme decirles que eso marca la diferencia.

Tú podrías decir: "Bueno, ¿y qué hay de esta familia que educó bien a sus hijos y aun así terminaron yendo por el camino equivocado?". A esto yo diría que vivimos en un mundo caído en el que las personas tienen la opción de tomar las decisiones que quieran, a pesar de lo que les hayan enseñado. Sin embargo, esto no puede servir de excusa para no poner todo el empeño en ser un ejemplo cristiano para la joven generación de creyentes que se está formando, especialmente si son de tu misma sangre. Cristo nos llama a ser sal y luz en un mundo podrido y oscuro. Nos llama a preservar y dar esperanza, no sólo a nuestros hijos, sino también a todos los que están perdidos. La verdad del asunto es que el deseo de ser un ejemplo como Cristo no debe venir de querer ser percibido como un buen ejemplo por nuestros hijos, sino simplemente de un deseo de seguir y llegar a ser más como Cristo. Cuando este es el único enfoque de alguien, no pasará desapercibido, sino que se extenderá a todas las áreas de su vida, y se convertirá en un ejemplo de Cristo.

La continuidad no equivale a la perfección. Los padres que tratan de ser constantes con sus hijos no tienen garantizado que todo vaya a ir bien y que las cosas salgan como ellos esperan y oran. Pero la continuidad proporciona un entorno saludable en el que los niños pueden sentirse seguros y tienen más posibilidades de convertirse en el tipo de personas que pueden hacer brillar la luz de Jesús en el mundo que les rodea.

Agradezco la valoración que Zach hace de nosotros como padres. También soy profundamente consciente de que, si buscan en su banco de recuerdos, podrían recordar una buena parte de los momentos en los que no mostramos la clase de continuidad con la que nos esforzamos por vivir. A pesar de todos nuestros esfuerzos, hubo muchas ocasiones en las que Kevin y yo no nos comportamos o reaccionamos como Cristo. Hubo muchas frustraciones al criar a tres niños activos. En muchas ocasiones tanto Kevin como yo tuvimos que disculparnos el uno con el otro y con nuestros hijos cuando no teníamos la fuerza, la sabiduría, o incluso el deseo de hacer de nuestro hogar el lugar que necesitaba ser.

A pesar de todo, la gracia de Dios fue suficiente. Aunque a menudo nos quedamos cortos, nuestros tres hijos tienen recuerdos de un hogar con amor constante y continuidad entre lo que decíamos y cómo vivíamos nuestras vidas. Por ello, estamos verdaderamente agradecidos.

CREENCIAS SÓLIDAS COMO UNA ROCA

Hace unos años, mi marido tuvo la oportunidad de entrevistar a Thom Rainer. Thom es presidente y consejero delegado de LifeWay Christian Resources. También es el decano fundador de la Escuela Billy Graham de Misiones y Evangelismo y dirigió durante más de quince años el Rainer Group, una empresa de consultoría que ayuda a las iglesias en su salud y crecimiento. Ha estudiado a fondo el evangelismo y nuestra cultura.

Como preparación para la entrevista, Kevin leyó cuatro libros de Thom; en uno de ellos, *Surprising Insights from the Unchurched and Proven Ways to Reach Them* (Perspectivas Sorprendentes de los que No Van a la Iglesia y Formas Probadas de Llegar a Ellos), Thom comparte los resultados de algunas encuestas que realizó, que demuestran que la doctrina importa más a los que no van a la iglesia de lo que la mayoría de nosotros pensamos.[1] Thom descubrió que los creyentes que saben lo que creen y que tienen convicciones firmes aportan esperanza en un mundo en que el relativismo manda. La investigación de Thom demostró que a la mayoría de la gente no le desaniman las doctrinas y las creencias firmes—simplemente quieren saber si los que siguen a Jesús creen realmente en lo que dicen creer.

Tener creencias bíblicas y mantenernos firmes en nuestras convicciones trae estabilidad a un hogar. No tenemos que ser legalistas u odiosamente dogmáticos sobre todo lo que creemos. Más bien, debemos entender el núcleo de nuestra fe, aferrarnos a los fundamentos y hacer todo esto con humilde convicción. Nuestros hijos, sus amigos y cualquiera que entre en nuestra casa debería encontrar a personas que no sólo saben lo que creen, sino que también construyen activamente sus vidas sobre esos sólidos cimientos.

A las pocas semanas de empezar su primera clase de teología en el instituto bíblico, nuestro hijo menor nos llamó con una pregunta interesante: "¿Por qué no enseñaban meta teología cuando yo era pequeño?". Observó que muchos de sus compañeros estaban bastante familiarizados con los términos que se utilizaban en su clase. Sabía que los dos éramos licenciados en teología por el seminario y tenía curiosidad por saber por qué parecía ausente en nuestra casa. Le aseguramos que entendía las doctrinas que estaba aprendiendo y que tenía muchas de las mismas creencias fundamentales, pero que simplemente habíamos optado por no utilizar los términos teológicos formales.

Le señalamos las distintas formas en que le habíamos enseñado la doctrina bíblica mientras crecía y le ayudamos a ver que, de hecho, habíamos integrado intencionadamente la teología bíblica en su vida diaria. Pero no lo hicimos mediante un estudio formal o leyendo libros de teología juntos. Lo hicimos de forma orgánica, de tal manera que parecía que formaba parte de la vida. No le dimos demasiada importancia. Unos meses después, nuestro hijo volvió a llamarnos y nos dio las gracias por toda la teología que había aprendido mientras crecía.

Un hogar se convierte en un refugio seguro cuando enseñamos a nuestros hijos lo que dice la Biblia y les mostramos su importancia para la vida. Les ayudamos a aprender a leer la palabra y a llegar a conclusiones personales sobre lo que enseñan las Escrituras. Les enseñamos a hacer preguntas y a buscar respuestas en la Biblia. Les damos ejemplos de cómo la Biblia puede influir en nuestras decisiones, moldear nuestras actitudes y orientarnos en nuestra vida. En un mundo en el que tanta gente no cree en nada con convicción, debemos mostrar a nuestros hijos que nuestras vidas se construyen sobre los cimientos de la Biblia.

DISCIPLINA CARIÑOSA

El hogar también se convierte en un refugio seguro cuando mostramos una disciplina cariñosa y coherente. Los padres que se preocupan por sus hijos deben tener unos límites bien definidos para ellos. Recuerdo que uno de mis profesores de educación en la universidad me dijo: "Debes ser insistente, persistente y consistente cuando disciplinas". Tratamos de vivir estas tres cosas en nuestro hogar.

Si no hay disciplina en un hogar, no es un lugar seguro para un niño y, de hecho, puede llegar a ser muy peligroso para ellos. Hace años, cuando nuestros hijos eran aún muy pequeños, Kevin los entrenaba en una liga de fútbol comunitaria. Una vez nuestros hijos jugaron un partido que se descontroló. Kevin estaba preocupado porque uno de los chicos del otro equipo estaba utilizando la profanidad en el campo y estaba siendo demasiado físico con nuestros jugadores. En concreto, se ensañó con un chico más joven de nuestro equipo que era más pequeño que el resto de los jugadores. En un momento del partido, este niño mayor empujó a nuestro jugador más pequeño al suelo y empezó a gritarle. Todos los niños dejaron de jugar, asustados por lo que estaba ocurriendo.

Kevin trató de intervenir, diciendo al árbitro que se hiciera cargo del juego. Un jugador de fútbol que se muestra demasiado brusco puede recibir una tarjeta amarilla como advertencia o, si el comportamiento lo merece, puede ser expulsado del partido con una tarjeta roja. Estas tarjetas son una forma de disciplina que ayuda a evitar que el juego se descontrole y se vuelva peligroso. Kevin sugirió que el árbitro sacara tarjeta amarilla o roja al jugador. Sorprendentemente, el árbitro dejó claro que no veía la necesidad de intervenir. "No sacó tarjetas amarillas ni rojas", dijo. "¡Simplemente le dijo, dejó jugar a los niños!". Después de oír esto, Kevin se volvió hacia mí y me dijo: "Esto es malo. Esto podría convertirse en un verdadero desastre". Kevin había jugado al fútbol durante años y sabía por experiencia lo rápido que pueden ir mal las cosas cuando no hay límites ni disciplina en el campo. Cuando los chicos del otro equipo se dieron cuenta de que no habría consecuencias por un juego excesivamente físico, empezaron a jugar de forma más brusca. Y como era de esperar, en cuestión de minutos un chico estaba en el suelo con una lesión grave. Tras la lesión, Kevin sacó a su equipo del campo y se negó a que siguieran jugando. En sus diez años de entrenador, nunca había visto a Kevin sacar a un equipo del campo. Pero en este caso sabía que la falta de disciplina sólo provocaría más lesiones y problemas. Era un entorno inseguro.

La disciplina coherente y cariñosa es un don, ya sea en casa o en un campo de fútbol. Los límites bien definidos proporcionan seguridad y protección a los niños, y los padres que ofrecen esto hacen de su hogar un refugio seguro. La Biblia habla del valor de la disciplina. En Hebreos 12:7-11, aprendemos que la disciplina de Dios es una de las señales de que somos sus hijos amados. Como indica el escritor, ser disciplinado nunca es agradable, pero entrena y prepara a un niño para una vida piadosa: "Lo que soportan es para su disciplina, pues Dios los está tratando como hijos. ¿Qué hijo hay a quien el padre no disciplina? Si a ustedes se les deja sin la disciplina que todos reciben, entonces son bastardos y no hijos legítimos. Después de todo, aunque nuestros padres humanos nos disciplinaban, los respetamos. ¿No hemos de someternos, con mayor razón, al Padre de los espíritus, para que vivamos? En efecto, nuestros padres nos disciplinaban por un breve tiempo, como mejor les parecía; pero Dios lo hace para nuestro bien, a fin de que participemos de su santidad. Ciertamente, ninguna disciplina, en el momento de recibirla, parece agradable, sino más bien penosa; sin embargo, después produce una cosecha de justicia y paz para quienes han sido entrenados por ella.

La disciplina bíblica brota del amor y conduce a la madurez, la salud y la integridad. El castigo, sin embargo, es diferente. Castigamos a las personas para defender la justicia, infligiendo dolor a alguien por un comportamiento incorrecto o ilícito. Para comunicar el amor misericordioso de Dios que nos revela el evangelio, debemos asegurarnos de que cuando corregimos un comportamiento, lo hacemos como un acto de disciplina amorosa y no simplemente para castigar con ira. En la práctica, esto significa que disciplinamos de una manera que honra a Dios y comunica amor a nuestros hijos.

1. Afirma y Refuerza el Comportamiento Positivo

Siempre que veas que tú hijo hace algo bien, afirma verbalmente lo que hace. Las palabras positivas de bendición llegan muy lejos. Busca lo bueno que ha hecho y señálalo, tanto en privado como en presencia de otras personas. Esta era una gran prioridad en nuestro hogar. Puedes decir cosas como: "Me gusta cómo incluyes a tu hermano pequeño cuando invitas a tus amigos". O, "Gracias por hacerte la cama esta mañana; creo que es estupendo que lo hagas sin que te lo recuerden cada mañana". Intentamos centrarnos en las cosas positivas que vemos en nuestros hijos. De nuevo, cuesta trabajo prestar atención y darse cuenta de lo que dicen y hacen, pero sin duda merece la pena.

2. Dejar Claras las Normas y Expectativas

Tus hijos deben conocer y comprender las normas de la casa. Asegúrate de que conocen los detalles de las normas y las consecuencias concretas en caso de incumplimiento. Kevin a veces escribía normas muy concretas y las ponía donde los niños pudieran verlas. No pretendía ser legalista, sino simplemente dejar claras nuestras expectativas. Ambos estamos de acuerdo en que marcó una diferencia significativa en nuestro hogar.

Recuerdo cuando uno de nuestros hijos, que había estado conversando con algunos amigos de la escuela primaria, se sorprendió al enterarse de que no tenían reuniones familiares periódicas para discutir metas, horarios y líneas guía. También descubrió que otros padres (los papás en particular) no daban a sus hijos instrucciones escritas ni listas de expectativas sobre el comportamiento en casa. Había asumido que se trataba de comportamientos normales en las familias y se sorprendió al descubrir que, en cierto modo, eran exclusivos de nuestro hogar.

Nuestros hogares parecen un refugio seguro cuando nos comunicamos bien y nuestros hijos conocen las normas. Tenemos un amigo, Dan Seaborn, que dirige un maravilloso ministerio llamado "Winning At Home" (Ganando en Casa). Él ayuda a las parejas a construir matrimonios fuertes y bíblicos, y también ayuda a los padres a construir un hogar saludable para sus hijos.[2] Dan habla a menudo de la importancia de tener reglas claras en el hogar y la familia. En su casa había básicamente cinco reglas sencillas y claras:

1. Sólo se admiten actitudes positivas.
2. Respétate a ti mismo y a los demás.
3. Asiste a la iglesia.
4. Acatar la moral que establecemos.
5. Usar el "poner arriba" (lo contrario del "poner abajo").

En un mundo en el que arrecian las tormentas, las expectativas claras y las normas domésticas construyen un hogar que se siente seguro y sólido.

3. Advertir y Cumplir

Los niños son niños. Incluso los niños que mejor se portan tienen sus días difíciles. Si quiere disciplinar con gracia y amor, tiene que aprender a dar advertencias suaves pero firmes. Simplemente diga: "Si continúas con ese comportamiento, la consecuencia será...". Luego le das una consecuencia apropiada. Y hay que cumplirla. Si le dices a un niño: "Ésta es tu última advertencia", más vale que sea la última. La coherencia es esencial.

Una vez, uno de nuestros hijos cruzó una línea clara, rompió una norma familiar y recibió un tiempo de restricción. Le dimos un número exacto de días que estaría confinado en nuestra casa y le hicimos saber que tendría que hacer tareas domésticas y de jardinería cuando llegara de la escuela todos los días de su restricción. Al segundo día ya intentaba negociar menos días de restricción y menos trabajo de jardinería.

Nos dimos cuenta de que creía que podía agotarnos. Nos dimos cuenta de que había ocasiones en las que no habíamos seguido con la disciplina que habíamos iniciado. Nos cansábamos, nos daba pereza o simplemente olvidábamos lo que habíamos dicho. Cuando se nos encendieron las luces, nos dimos cuenta de que nuestra incoherencia estaba perjudicando a nuestro hijo. Nos comprometimos a ser realistas en cuanto a las advertencias y la disciplina concreta que aplicamos a nuestros hijos. Pero una vez que les dijimos lo que íbamos a hacer, hicimos todo lo posible por trabajar en equipo y cumplirlo, incluso cuando nos resultaba difícil. Esta fue una gran lección que aprender.

4. Haz que la disciplina se sienta

Para que la disciplina sea útil y productiva, debes tocar de forma significativa un área que importe al niño: debe sentirse. Algunos padres prefieren mandar a su hijo o hija a su habitación por la noche. Pero mientras están confinados en su habitación, los niños pueden ver la televisión, conectarse al Internet, comunicarse por Facebook o Twitter, chatear por vídeo con sus amigos y utilizar el teléfono. Estar encerrado en su habitación puede no ser tan diferente de la mayoría de las noches. Un padre sabio y creativo aprenderá a identificar la disciplina que realmente llame la atención del niño. Para un adolescente, una consecuencia adecuada puede ser dejar de usar el teléfono, el ordenador o las redes sociales. Para otro, puede consistir en hacer tareas domésticas. Es importante recordar que el objetivo de la disciplina no es humillar o herir al niño, sino redirigir su comportamiento, apuntarle a un nuevo objetivo, apuntarles a examinar su corazón y sus motivos, y finalmente sanar. A medida que tus hijos crecen, necesitarán distintos tipos de disciplina en las diferentes etapas de sus vidas. Un padre cariñoso intenta asegurarse de que la disciplina tenga realmente un impacto y conduzca al resultado deseado.

Una vez, cuando uno de nuestros hijos era aún muy pequeño, fue a la tienda en bicicleta sin permiso. Conocía las normas, y cuando le pillaron, la pregunta no fue: "¿Me castigarán?", sino: "¿Qué harán papá y mamá?". En este caso, le impusimos restricciones en casa y en el jardín, y añadimos un punto extra. Le pedimos que escribiera una lista de las razones por las que no debía ir a Kmart sin permiso. Cuando leímos su lista, nos dimos cuenta de que empezaba con algunas respuestas muy serias y reflexivas, que nos demostraban que entendía el peligro de alejarse tanto de casa sin permiso. Nos encantó que pusiera en letras más oscuras las dos primeras, haciéndonos saber que entendía lo que intentábamos enseñarle. Y nos encantó que le pusiera un poco de humor a la experiencia. Me gustó tanto que me quedé con la lista:

Razones por las Que No Debo ir a la Tienda Sin Permiso

1. **Ser atropellado por un carro**
2. **No saben en dónde estoy**
3. Podría llegar demasiado tarde
4. Puede que vayamos a algún sitio
5. Podría hacerme daño
6. Mis padres se enfadarán conmigo
7. Mis padres podrían darme dinero
8. Puede que mis padres quieran que consiga algo
9. Mis padres quieren saber dónde estoy
10. Puede que sea demasiado pronto
11. Puede que venga gente a casa

12. Alguien podría intentar secuestrarme
13. Podríamos estar almorzando
14. Podríamos estar cenando
15. Puede que tengan una sorpresa para mí (una nueva cubierta para mi monopatín quizás)

5. Mantenga la calma

Al tratar de disciplinar amorosamente a sus hijos, es importante que mantenga el sentido del humor y recuerde que el cambio duradero no estará motivado por su miedo a las consecuencias, sino por el respeto y el amor hacia usted y, en última instancia, hacia Dios. Teniendo esto en cuenta, aconsejamos a los padres que se enfrentan a problemas de disciplina con sus hijos que mantengan la calma. Por muy intensas que puedan llegar a ser las cosas con nuestros hijos, los padres deben mantener siempre la calma y nunca arremeter con ira. Tanto si se trata de un niño salvaje y desobediente de dos años como de un estudiante de secundaria que sabe cómo sacarte de quicio, disciplinar a un hijo puede ser realmente frustrante a veces. Mantén la calma en medio de los conflictos y la disciplina.

Comprométete a mostrar amor, ternura y cuidado por tu hijo. Nunca le bloquees ni lo hagas callar. Esto creará inseguridad y miedo. Tú hijo necesita saber que le quieres y que siempre le querrás, pero que no permitirás ciertos comportamientos en tu casa o en tu familia. Kevin recuerda cómo su padre le decía, con voz firme y atronadora: "¡Ese comportamiento no es aceptable en esta casa!". Luego su padre lo sentaba y le explicaba por qué lo estaba disciplinando. Lo hacía con amabilidad, pero su disciplina era firme. Kevin siempre supo que su padre le quería y que la disciplina que recibía tenía como objetivo hacerle mejor persona. El padre de Kevin no insultaba ni humillaba a sus hijos. Dejaba claro lo que no estaba permitido y aplicaba una disciplina coherente y cariñosa cuando los niños se pasaban de la raya.

Había oído a Kevin hablar muchas veces de la disciplina de su padre. Un día, yo mismo escuché la famosa frase de su padre. Uno de nuestros hijos se estaba comportando de una manera que todos en casa sabían que no estaba permitida. Con voz firme y fuerte, Kevin dijo: "¡Ese comportamiento no es aceptable en esta casa!".

Le explicó a nuestro hijo las consecuencias a las que se enfrentaría y luego las cumplió. Establece las normas y cúmplelas. Sé justo y cariñoso. Sé firme y cumple lo que dices. Por encima de todo, asegúrate de que Dios es el centro de tu hogar y tu refugio. Que él sea la roca sobre la que vive toda tu familia.

JARDINERÍA ORGÁNICA

PREPARACIÓN DEL SUELO

Observa comprobación de continuidad. Como padres, creamos un refugio seguro cuando nuestras palabras y nuestras vidas son coherentes. Tiene que haber continuidad entre lo que enseñamos a nuestros hijos y cómo vivimos el día a día. Examina tu vida y tus palabras. ¿Hay lugares en los que dices una cosa y haces otra? Si se atreve, pregunte a sus hijos si observan algún aspecto de su vida en el que le falte continuidad. Si encuentras una incoherencia, ajusta tus acciones para que coincidan con lo que enseñas a tus hijos.

ESPARCIENDO SEMILLAS

Disciplina cariñosa. Los niños desean que sus padres les impongan una disciplina coherente y cariñosa. Califícate a ti mismo mismo en cada una de las afirmaciones siguientes utilizando esta sencilla escala:

1. Esto nunca es cierto en mi caso.
2. A veces me pasa.
3. Siempre es así.

— Cuando veo un comportamiento bueno y positivo en mis hijos, empeño en decírselo.
— Expreso claramente las normas del hogar y las refuerzo a menudo.
— Hago las advertencias apropiadas y cumplo la disciplina con mis hijos.

— Cuando impongo disciplina, elijo las consecuencias que afectarán específicamente a cada niño.

— Cuando impongo disciplina, mantengo la calma y no me exalto.

— Soy amable y mantengo la comunicación con mis hijos.

Si tuvieras que responder con un uno en alguna de ellas, pon una meta personal para que tu afirmación sea más verdadera para ti.

Reglas familiares. Reflexiona sobre tus normas familiares. Sigue el consejo de Dan Seaborn y elabora las cinco reglas más importantes para tu hogar. Habla de ellas, exhíbelas y ponlas en práctica.

REGAR CON LA ORACIÓN

Ora para tener discernimiento. Pídele a Dios que te conceda discernimiento cuando te dirijas por un camino de inconsistencia con tu hijo. Ora para que Dios te guíe y seas suave de manera que lo honres y que seas un buen ejemplo para tus hijos.

Capítulo Seis

El Hogar Como Sala de Urgencias

Sherry

En él estaba la vida, y la vida era la luz de la humanidad. Esta luz resplandece en las tinieblas, y las tinieblas no han podido extinguirla.

— Juan 1:4-5

Algunos desean vivir dentro del sonido de la campana de una capilla; yo deseo dirigir una misión de rescate dentro de una yarda del infierno.

- C. T. Studd

Como madre, he descubierto que llevar un diario **puede ser catártico**. A veces, me siento y pongo mis pensamientos y sentimientos en papel, especialmente cuando las cosas se ponen difíciles, la realidad del pecado presiona, y la vida se siente como si estuviera girando fuera de control. Durante una temporada particularmente difícil, cuando uno de nuestros hijos y sus amigos estaban luchando, derramé mi corazón en las páginas de mi diario casi todos los días. Mis anotaciones pasaban a menudo de la reflexión personal a la oración y de nuevo a la reflexión. Escribí esta entrada en el verano de 2004:

Ayer llegaron malas noticias. Hablando con un amigo, me enteré de que algunos de los chicos a los que intentamos ayudar van por caminos muy peligrosos. No se trata sólo de errores puntuales que los chicos cometen al crecer, sino que están tomando decisiones y dirigiéndose hacia caminos que pueden marcar la trayectoria de su futuro. No hace mucho que eran unos dulces niños que jugaban y reían en nuestro jardín y en nuestra casa. Ahora están entrando en la adolescencia y me temo que están tomando decisiones que podrían costarles más de lo que imaginan.

Oro por ellos. Oro por sus padres. Me preocupo por ellos. Deseo lo mejor para ellos.

Señor, protege a estos niños que ya no son tan pequeños. Sé que mi compasión y cuidado por estos chicos viene de tu corazón.

Suena el timbre y entra un pequeño grupo de jóvenes adolescentes. Me alegro mucho de verlos. "Por favor pasen. Me alegro mucho de que estén aquí". Les sonrío y me saludan, pero sus caras no se iluminan como antes. A veces parecen tan cansados. Demasiado cansados para ser tan jóvenes. Espero que esta casa sea un refugio, un lugar de amor y paz. Más tarde, suena el timbre y entra otro joven. El deseo de mi corazón es que éste sea un lugar de descanso del mundo que grita su nombre. Que se sientan atraídos hacia aquí.

Dios, tú conoces sus nombres. Tú los llamas cada día. Tienes un propósito para cada una de sus vidas. "Esto es lo que dice el Señor, tu Redentor, el Santo de Israel: 'Yo soy el Señor, tu Dios, que te enseña lo que es mejor para ti, que te dirige por el camino que debes seguir'.[1] Cuánto anhelo que lleguen a conocerte y a seguir tu plan para cada una de sus vidas.

A veces no los veo durante días. Hay veces que mi casa no es a la que ellos quieren venir. Me preocupa que a veces la luz de tu presencia sea demasiado brillante para ellos. Que el amor que se les ofrece, la amabilidad e incluso la comida, les hagan volver.

Dios, siento tu corazón por estos chicos. Tú conoces su dolor y su quebranto. Yo también lo veo y lo siento... no tanto como tú, pero me doy un vistazo. Dios, por favor, infunde tu Espíritu en este hogar para que puedan ver la luz y sentir el calor de tu Espíritu tocando cada uno de sus corazones. Toca a cada uno de estos chicos que necesitan la esperanza, la alegría y la gracia que tú les ofreces gratuitamente.

Espero que sepan que siempre son bienvenidos. Oro para que sepan que los amo.

— *25 de agosto de 2004*

Hace algunos años, Kevin y yo oímos al pastor E. V. Hill predicar en un acto de recaudación de fondos para un ministerio comunitario que atiende a niños en situación de riesgo.[2] Deberían poder jugar con seguridad y seguir siendo niños durante toda su infancia. Por desgracia, la infancia es cada vez más corta. Estos pequeños crecen demasiado deprisa y se enfrentan al dolor demasiado jóvenes". Recuerdo haber hablado con Kevin sobre lo que dijo el pastor Hill mientras volvíamos a casa, sintiendo un nuevo compromiso de hacer de nuestro hogar una sala de urgencias donde niños y adultos pudieran venir a experimentar la salud y la curación.

CONSTRUIR UN BARRIO S.U. (SALA DE URGENCIAS)

El 11 de septiembre de 2001, las repercusiones de la caída de las torres gemelas, el impacto de un avión en el Pentágono y la caída de un avión en un campo de Pensilvania se sintieron en todo el mundo. También se sintieron en la calle donde vivíamos. En los días siguientes al atentado, nuestra casa se convirtió en una sala de urgencias para vecinos y amigos asustados y alterados. La gente quería orar. Querían hablar. Un vecino luchó contra el miedo y la confianza durante mucho tiempo después de los atentados. Los amigos necesitaban reunirse y procesar lo que sentían. Nuestra casa se convirtió en un centro de atención, gracia y conversación. ¿Dónde acude la gente de su comunidad cuando se produce una crisis personal?

¿Dónde se reúnen? ¿Ven tu casa como un lugar abierto y acogedor al que pueden acudir cuando los tiempos son difíciles? El apóstol Pablo escribió: "Ayúdense a llevar los unos las cargas de los otros, y obedezcan de esa manera la ley de Cristo".[3] Una de las mejores maneras de cuidar a las personas que están pasando por un momento difícil es simplemente ayudar a aliviar sus cargas y ofrecerte a compartir parte del peso que llevan. Kevin y yo hemos vivido en un apartamento tríplex, en una casa parroquial y en la calle sin salida de Richfield Court. Aunque cada lugar ha sido muy diferente, en todos hemos hecho de nuestra casa un lugar abierto donde la gente se siente bienvenida. Los vecinos han venido a orar, a hablar, a llorar y a encontrar ayuda en sus momentos de necesidad. Desde frustraciones en la crianza de los hijos hasta batallas privadas contra el pecado, desde conflictos matrimoniales hasta momentos de profunda pérdida o miedo, hemos descubierto que la luz de Dios brillará y su sanación llegará si estamos abiertos y si estamos dispuestos a hacer de nuestro hogar una sala de urgencias.

¿Cómo se consigue?

Tenemos que trabajar en ello. Para que nuestros hogares sirvan eficazmente como urgencias espirituales y emocionales en nuestros barrios, debemos recordar una vez más que el principal cuidador es siempre Dios, no nosotros. Él es el Gran Médico. Si confiamos en él, servimos en su nombre y creamos un lugar donde fluyan su gracia, su misericordia y su paz, la curación será el resultado natural.

Debemos recordar que, cuando caminamos con Jesús, el amor de Dios brilla a través de nosotros. Sólo el amor de Dios es suficiente para sanar y restaurar los corazones y las vidas rotas. ¿Por qué es tan importante que recordemos esto? Porque si olvidamos que es la obra de Dios, rápidamente nos agotamos, nos cansamos y cargamos con los problemas de los demás de una manera que no es saludable y que nos lleva a relaciones de dependencia. En lugar de rebosar de amor misericordioso, empezamos a resentir las intrusiones, y ya no somos capaces de amar y servir eficazmente a los necesitados. El poder de curar no reside en nosotros; fluye a través de nosotros desde Dios hacia las vidas de los necesitados.[4]

Estar presente

No tenemos que poner un cartel de neón que diga "Hospital de Dios". Tampoco tenemos que dejar la puerta abierta las veinticuatro horas del día a cualquiera que quiera entrar. Pero debemos estar presentes y disponibles si queremos que nuestra casa sea una sala de urgencias para Jesús. La gente tiene que saber que estamos cerca. Esto significa que no podemos entrar en nuestro garaje, apretar un botón, cerrar el garaje, bajar las persianas, ignorar el teléfono y quedarnos callados. Tenemos que ser intencionalmente una presencia en nuestro vecindario o en cualquier lugar que llamemos hogar.

Hace algunos años, Kevin y yo nos hicimos amigos de una maravillosa pareja de ministros, Randy y Rozanne Frazee. Comparten nuestra pasión por amar y cuidar a sus vecinos y se comprometieron a hacer saber a la gente que estaban disponibles. Intencionadamente, tuvieron calma en sus vidas lo suficiente como para entablar relaciones significativas con los demás. Una de las formas en que lo hicieron fue simplemente sentándose en el jardín de su casa. Mucha gente pasa todo su tiempo en el jardín de atrás y rara vez ve a los vecinos. Randy y Rozanne descubrieron que pasando el tiempo en el jardín delantero podían mantener muchas conversaciones e interacciones con sus vecinos.[5]

Invitar

Es posible estar presente pero no ser muy acogedor. Aunque la gente sepa que estás ahí, también debe saber que es bienvenida. La mejor manera de hacerles saber que son bienvenidos es también la más obvia: ¡díselo!

Kevin y yo nos hemos acostumbrado a saludar a los nuevos vecinos cuando se mudan. Les llevamos un pequeño obsequio y les decimos que nos encantaría conectar con ellos. Les invitamos a relacionarse con nosotros según se sientan cómodos. Nunca les presionamos ni les empujamos, pero les hacemos saber que nuestra puerta está abierta para ellos.

Cuando vivíamos en Michigan, una nueva familia se mudó al final de la calle e hicimos nuestra visita normal para conocerlos y saludarlos. Fueron amables y cordiales, pero dejaron muy claro que no estaban interesados en conocernos. "No nos relacionamos mucho con nuestros vecinos", nos dijeron. "Si hacen cosas de barrio, probablemente no formaremos parte de ellas". Agradecemos su sinceridad, pero sospechamos que la calidez de nuestro barrio podría atraerles más. Aunque muchos otros vecinos y personas de nuestra comunidad aceptaron nuestra invitación y se sintieron muy bienvenidos en nuestra casa, esta familia se mantuvo fiel a su palabra e interactuó muy poco con los demás. Aprendimos que podemos invitar, pero no debemos forzar.

Sé confidencial

Si quieres que la gente se sienta bienvenida y cómoda en tu casa, si quieres que compartan sus alegrías y sus penas, y si quieres que confíen en ti, aprende a guardar un secreto. Si alguien viene a compartir una herida, un miedo o una lucha, necesita saber que sus palabras están guardadas bajo llave en la cámara acorazada de tu corazón. Si procesas, compartes o charlas sobre los pensamientos privados que se comunicaron en la S.U. de tu casa, se correrá la voz, y la gente nunca volverá a confiar en ti. El nombre bíblico para compartir información de confianza que no deberías transmitir es chisme, y es un pecado. Cuida tu boca y protege la información que la gente comparte contigo. Se precavido cuando no estés seguro de que deberías hablar de algo que alguien te ha contado dentro de tu casa. Guarda silencio cuando otros te hagan preguntas.[6]

Una vez que nuestros vecinos se dieron cuenta de que se podía confiar en nosotros, la puerta se abrió un poco más y pudimos ayudarles en sus momentos de necesidad.

No juzgues, preocúpate

A medida que se sientan más cómodos y seguros en tu casa, la gente revelará luchas, dolores profundos, pecados ocultos y errores de juicio. Tu respuesta es crucial. No actúes como juez, jurado y verdugo. Escucha, ama, ora e incluso aconseja si te lo piden. No les castigues con juicios indebidos. Habrá momentos en que alguien necesite escuchar una palabra amorosa de desafío o convicción. Sin embargo, nuestro punto de partida debe ser la gracia, no el juicio.

La gente necesita mirarte a los ojos y saber que te importa. El viejo dicho "A la gente no le importa cuánto sabes hasta qué saben cuánto te importan" es un buen recordatorio. Todos podemos repartir consejos como un par de aspirinas para curar un dolor de cabeza. La gente quiere saber qué te sigues preocupando por ellos incluso después de que hayan sido transparentes y hayan compartido sus luchas.

La oración es una de las mejores herramientas para construir una S.U. que honre a Cristo en su hogar. Ora por un corazón lleno de compasión y preocupación como el de Cristo. Ponte listo para orar por las personas y con ellas. Reconozcan quién es el verdadero sanador para que cuando venga la restauración él reciba la gloria.

Remite y obtén ayuda

A veces tú cuidarás a una persona en tu comunidad y tendrás una sensación muy clara de que es pesado. Puede que necesiten ayuda de un médico, un consejero, un pastor o algún otro profesional. No tengas miedo de animarles a conseguir el apoyo que necesitan. Todos debemos ser humildes y reconocer que no podemos satisfacer todas las necesidades que nos rodean. Algunas cosas están más allá de nuestra formación, experiencia y capacidad. Guía a la persona necesitada hacia alguien que pueda ayudarla a dar el siguiente paso hacia la curación.

PRACTICAR LA PREVENCIÓN

Podemos practicar fielmente la medicina preventiva, y aún así las cosas pueden ir mal. Incluso los mejores y más implicados padres pueden enfrentarse a temporadas cuando un niño simplemente se desboca y nada de lo que hace parece ayudar. En esos momentos oramos, nos aferramos a Dios y seguimos amando a nuestros hijos, confiando en que Dios los ama más que nosotros. A pesar de todo, seguimos haciendo todo lo posible para que nuestro hogar sea un lugar de sanación y salud.

Demasiado a menudo esperamos a que los problemas sean críticos. Mi marido lleva más de una década tratando formas leves de cáncer de piel. Su médico le enseñó a hacerse autoexámenes con regularidad para poder detectar pequeños problemas antes de que se vuelvan peligrosos. Y nosotros deberíamos hacer lo mismo en nuestras vidas emocionales, relacionales y espirituales. Un cuidado preventivo básico puede ayudarnos a evitar muchos de los problemas a los que se enfrentan nuestros hijos, familias y amigos.[7] Una de las claves para servir eficazmente a los demás es asegurarse de que tú y tu familia estén sanos en primer lugar. He aquí varias prácticas que nuestra familia utiliza para ayudar a proteger a nuestros hijos de muchos de los peligros de la vida.

1. Dedicar tiempo a la familia

En un mundo ajetreado y con un sinfín de exigencias, es fácil que los padres se desborden, se agoten y se estresen. Algunos están tan ocupados que pasan muy poco tiempo en casa con su familia. Y cuando están físicamente en casa, suelen estar cansados o distraídos con el correo electrónico, los mensajes de texto, las llamadas o los proyectos para llevar a casa. Una de las mejores medidas preventivas que pueden tomar los padres es reservar tiempo para estar en casa con sus hijos. Este tiempo debe ser aparte, libre de otros compromisos que dividan su atención.

Varios estudios han intentado determinar qué aporta la salud relacional a una familia. Sorprendentemente, las cenas en familia son más valiosas de lo que mucha gente podría sospechar.[8] Los estudios descubrieron que las familias que dan prioridad a las cenas en familia suelen describirse a sí mismas como más unidas y conectadas y tienen menos probabilidades de criar hijos con comportamientos destructivos. Un estudio realizado por TV Land/Nick at Nite también confirmó el valor de las cenas familiares constantes. Descubrieron que los adolescentes que cenan dos veces o menos con sus padres a la semana corren un riesgo mayor que los que cenan cinco veces o más a la semana. Los adolescentes que cenan con menos frecuencia con sus familias son:

- Más del doble de probabilidades de haber probado el tabaco;
- Una vez y media más probables de haber probado el alcohol;
- El doble de probabilidades de haber probado la marihuana;
- Más del doble de probabilidades de decir que el consumo de drogas en el futuro es muy o bastante probable;
- El doble de probabilidades de fumar a diario y emborracharse mensualmente.

También hay implicaciones en la forma en que los padres ven su relación con el adolescente. Los padres y madres que se sientan con sus hijos adolescentes a cenar dos veces o menos a la semana tenían:

- Cinco veces más propensos a decir que tienen una relación regular o mala con su hijo adolescente;
- Una vez y media más propensos a decir que conocen a los padres de los amigos de sus hijos adolescentes poco o nada bien;
- Más del doble de probabilidades de decir que no conocen los nombres de los profesores de sus hijos adolescentes;
- El doble de probabilidades de decir que los padres no merecen mucha culpa o ninguna culpa cuando un adolescente consume drogas ilegales.

Este estudio no fue realizado por una empresa de investigación cristiana, sino por una cadena de televisión. Si ellos pueden reconocer el valor y la necesidad del tiempo en familia, nosotros también deberíamos. Los niños están más ocupados que nunca con la escuela, los deportes, los clubes y las actividades. Algunas familias están tan ocupadas que ni siquiera se plantean la posibilidad de comer en familia.

Para nuestra familia, cenar juntos con regularidad no siempre era fácil, especialmente durante las temporadas deportivas. Intentamos adaptarnos a esos momentos desayunando juntos algunas veces a la semana. No estamos sugiriendo que tu familia deba cenar junta cinco o más veces a la semana o tus hijos acabarán en la cárcel. Simplemente te recordamos que un tiempo significativo cara a cara con los miembros de la familia conduce a unas relaciones sanas. Como mínimo, los padres y sus hijos deben hablar juntos todos los días. Los hermanos deben aprender a comunicarse entre sí con respeto, honestidad y amabilidad.

En nuestras comidas familiares a veces pedimos a cada uno de nuestros hijos que cuente una cosa buena y otra no tan buena que les hubiera pasado en el día. Esto les daba una pequeña orientación para la conversación. Descubrimos que si nos limitábamos a preguntarles: "¿Qué tal el día?", la respuesta solía ser un vago "bien". Si les invitábamos a contarnos un momento con el pulgar hacia arriba y otro con el pulgar hacia abajo, podían compartir una historia. Tendrás que averiguar qué ritmo funciona mejor en tu familia. Encuentra tiempo para estar juntos y conversar sin distracciones.

2. Desconectar y sintonizar

Vivimos en un mundo conectado. Los mismos dispositivos que nos ayudan a estar conectados y a organizarnos de forma más eficiente a menudo nos alejan de nuestras familias y nos distraen de nuestras prioridades. Una familia puede estar reunida en casa para cenar los siete días de la semana y seguir sin comunicarse en absoluto. Papá y mamá están en un extremo de la mesa fijos en una gran pantalla de plasma colgada en la pared. Papá aparta la vista del televisor de vez en cuando para responder a unos cuantos correos electrónicos del trabajo que aparecen en su smartphone. Su hija responde a varios mensajes de texto, con los ojos fijos en la pantalla de su teléfono durante toda la comida. Su hijo tiene los auriculares puestos y escucha música.

Aunque la familia está físicamente junta, no hay conexiones relacionales, no hay conversación. Por desgracia, no estamos convencidos de que este sea un ejemplo extremo. A menudo, la realidad es mucho peor. Si queremos conocer a nuestros hijos, tenemos que ir a la "vieja escuela" y apagar los aparatos. Tenemos que apagar la televisión, dejar los teléfonos en la otra habitación, quitarnos los auriculares y mirarnos el uno al otro. Tenemos que hablar, compartir lo que hay en nuestros corazones, lo que Dios está haciendo en nuestras vidas, dónde tenemos alegrías que celebrar y necesidades por las que orar. Si no podemos hacer esto con nuestra propia familia, la luz del amor de Dios no brillará muy lejos en nuestro vecindario.

3. Enseñar y modelar tanto la verdad como la gracia

Jesús vino a este mundo lleno de gracia y verdad,[9] y este mismo espíritu debe marcar también nuestros hogares. Si nos centramos exclusivamente en la verdad, podemos volvernos dogmáticos, legalistas y autoritarios. Sin embargo, si sólo hacemos hincapié en la gracia y nunca dejamos que la verdad ponga límites a la vida, dejamos a nuestros hijos a la deriva en el mar del relativismo. Cuando equilibramos la verdad y la gracia en palabras y acciones, comunicamos amor genuino por los demás.

Cuando nuestros hijos seguían las enseñanzas de la palabra de Dios, los reafirmábamos. Cuando se quedaban cortos, lo que inevitablemente ocurría (al igual que nosotros), les concedíamos gracia, reafirmábamos la verdad, los disciplinábamos cuando era necesario y avanzábamos juntos. El equilibrio entre verdad y gracia creó un clima de honestidad y crecimiento. El reto no era sólo enseñar la gracia como una bonita teoría, sino extenderla a la vida diaria. Y con tres hijos, había muchas oportunidades para hacerlo.

UN LUGAR DE GRACIA

Nate Harney

Crecer en una ciudad pequeña ofrecía pocas opciones cuando llegaba el fin de semana. Mis amigos y yo a menudo buscábamos algo divertido que hacer, y mis padres siempre abrían la casa para que vinieran mis amigos. Incluso nos compraban refrescos y aperitivos. Durante uno de esos fines de semana, mis amigos y yo estábamos dentro viendo una película. Hacía frío y nevaba, y todo estaba resbaladizo y helado. Algunos estábamos inquietos y decidimos salir unos minutos.

De pie en medio del frío, pude ver la luz parpadeante de la televisión a través de una de las ventanas del sótano, e inmediatamente se me ocurrió una gran idea. Decidí que sería muy divertido asustar a mis amigos que estaban dentro viendo la película golpeando fuertemente la ventana con las manos.

Sin pensar dos veces, me lancé hacia la ventana. Sabía que, para conseguir el golpe más fuerte, tendría que ganar velocidad. De lo que no me había dado cuenta era de lo resbaladizo que era el suelo y de lo frágil que es el cristal doble de las ventanas. Pocos segundos después, me encontraba en el sótano rodeado de mis amigos gritando. Incapaz de frenar, me había precipitado por la ventana y ahora estaba encima del televisor, cubierto de fragmentos de cristal roto. Durante unos instantes, me quedé en estado de shock, pero también me alegré ligeramente de haber conseguido aterrorizar a mis amigos. Alguien corrió a buscar a mis padres, pero ellos ya estaban bajando, tras haber oído los gritos de más de veinticinco alumnos de secundaria.

Cuando mi padre y mi madre bajaron, todos estaban preparados para verme recibir un sermón sobre mi irresponsabilidad y para que la fiesta terminara y todos fueran enviados a casa. Todos habíamos asistido a fiestas en las que algo había sufrido daños importantes, y un agujero en la pared o un refresco derramado en la alfombra solían significar el fin de la fiesta. Sin duda, una ventana rota podía considerarse un "daño importante". Cuando mis padres bajaron, primero comprobaron que yo estaba bien. Por un pequeño milagro, no tenía más que un pequeño corte en el labio inferior. Sin embargo, emocionalmente, me estaba preparando que me iban a disciplinar delante de mis amigos.

Para mi sorpresa, mis padres no respondieron con coraje. Nos ayudaron a sellar la ventana con plástico y cinta adhesiva y dejaron que la fiesta continuara. Todos mis amigos comentaron lo increíble que era que mis padres no se hubieran enojado. El lunes siguiente, en el colegio, mis amigos seguían hablando de ello. Les había impresionado mucho.

Aunque la emoción por la inmersión en la ventana se desvaneció, hubo algo de aquella noche que mis amigos nunca olvidaron. Aprendieron que mi casa era un lugar seguro, un lugar de gracia, donde no pasaba nada por cometer errores, ¡incluso los grandes! Desde aquel día, si alguno de mis amigos metía la pata hasta el fondo, sabía que en casa de los Harney encontraría un oído atento, perdón y gracia. Esto fue así durante todos mis años de mi escuela secundaria. De hecho, incluso un par de días antes de irme a la universidad, bajé las escaleras de mi habitación y encontré a mis padres platicando con uno de mis amigos. No había venido a pasar un rato conmigo. Tenía algunas preguntas serias sobre el pecado y el perdón, y sabía que podía ser honesto en mi casa y que sería recibido con gracia. Mis padres tomaron mi zambullida en la ventana y la convirtieron en una oportunidad para mostrar a mis amigos que nuestro hogar era un lugar seguro, un lugar lleno del amor y el perdón de Jesucristo.

4. Modelo de salud, ejercicio y descanso

Los padres dan a sus hijos un regalo de medicina preventiva cuando enseñan y modelan el ejercicio regular, la alimentación saludable y un patrón del día sabático. Uno de mis objetivos como madre ha sido enseñar a mis tres hijos la importancia de la buena alimentación y el ejercicio regular, principalmente modelados. El apóstol Pablo escribió: "¿No sabes que nuestros cuerpos son templos del Espíritu Santo, que está en ustedes y que han recibido de Dios? No es tuyo"[10]. A medida que aprendemos a cuidar de nuestros cuerpos con la humilde conciencia de que son la morada del Dios vivo, desarrollamos un estilo de vida más saludable física, emocional y espiritualmente.

Kevin ha tratado de modelar la importancia del descanso sabático.[11] Aunque siempre ha enseñado a nuestros hijos a trabajar duro en todo lo que hacen, también ha modelado la necesidad de tomarse tiempo para descansar. A pesar de que ahora todos son hombres jóvenes, todavía los desafía a tomarse un día de cada siete para desconectarse verdaderamente de los patrones regulares de la vida.[12] Si tú quiere hacer de tu hogar un lugar de salud, puedes prevenir muchos problemas enseñando y modelando una dieta saludable, ejercicio consistente y un descanso sabático lleno de gozo.

5. Estar de guardia

A lo largo de los años, tanto Kevin como yo nos hemos propuesto estar "de guardia" tan a menudo como sea posible. En sus años de ministerio pastoral, Kevin siempre estuvo disponible para nuestros hijos cuando lo necesitaban. Antes de que existieran los teléfonos móviles, se aseguraba de que su secretaria entendiera que siempre podía recibir una llamada de uno de sus hijos (a menos que estuviera en una reunión). Ahora, con la llegada de los teléfonos móviles, los chicos tienen acceso directo a su padre. Saben que Kevin siempre responderá a sus llamadas, a menos que se encuentre en un momento crítico. Son una de sus principales prioridades y está disponible para ellos.

Yo he encontrado mi propia manera de estar disponible. Cuando mis hijos eran muy pequeños, podía trabajar en casa. Una vez que fueron a la escuela, pasé parte de mis días trabajando en nuestra iglesia, pero mientras trabajaba fuera de casa, mis hijos seguían siendo mi primera prioridad. Cuando fueron a secundaria y bachillerato, me sentí llamada a dejar mi trabajo en la iglesia. Podía implicarme más como madre en nuestro hogar. Quería que nuestro hogar fuera un lugar donde los niños pudieran pasar el rato, y sabía que mi presencia y disponibilidad eran fundamentales en esta etapa de su desarrollo.

6. Entrenar para el autodiagnóstico

Los padres podemos estar de guardia, pero no siempre estaremos ahí en momentos de necesidad. Por eso es esencial que los padres enseñen a sus hijos a autodiagnosticarse y a resolver los problemas a medida que surgen. Debes abstenerte de resolver todos los problemas por tu hijo; ayúdalo a aprender a resolverlos. Hazles buenas preguntas, oriéntale y ayúdalos a tus hijos e hijas a descubrir que pueden tomar decisiones sanas y que honran a Dios a través de sus propias oraciones y del estudio de la Biblia.

Cuando nuestro hijo Nate estaba en la universidad, descubrió que le encantaba estudiar y que también disfrutaba trabajando en el campus. Antes de que se diera cuenta, tenía cuatro trabajos a tiempo parcial en el campus y una carga completa de clases. Kevin y yo teníamos la sensación de que se estaba excediendo, pero estábamos a cientos de kilómetros de distancia. Sabíamos que tenía que diagnosticar la situación por sí mismo.

Nate nos llamó un día, diciendo que sentía que había asumido demasiado. Ya sabía que algo iba mal, así que le hice dos preguntas de diagnóstico para ayudarle a autoevaluarse. Primero, le pregunté: "¿Tienes alegría en tu vida ahora mismo, Nate?". Hubo silencio al otro lado de la línea durante varios segundos. Entonces Nate admitió que vivir con una alegría se estaba disminuyendo. Así que le hice una segunda pregunta. "Nate, ¿tienes esperanza?". De nuevo, se quedó en silencio un momento mientras reflexionaba. "Creo que yo también estoy perdiendo algo de esperanza". No tuve que decirle que algo tenía que cambiar. Se había dado cuenta por sí mismo. Nate hizo los ajustes oportunos en su agenda, abandonando algunos compromisos, y todo volvió a su sitio. Su alegría volvió y la esperanza se renovó en su corazón.

Aún recuerdo las últimas palabras de Kevin en nuestra conversación telefónica con Nate aquel día: "Nate, has descubierto que tienes límites. Puedes ir demasiado lejos. La próxima vez, sé que darás un paso atrás antes de asumir demasiado. ¡Qué gran momento de la vida para aprender esto! Es muy bueno saber cuándo estás alcanzando los límites de lo que puedes manejar. Esto te será muy útil en el futuro". Los dos estábamos orgullosos de nuestro hijo aquel día.

7. Manténte al día

Los buenos hospitales actualizan sus equipos con regularidad. Exigen que su personal esté al día con las últimas tecnologías, tratamientos y procedimientos médicos. Los padres deben ser igual de serios cuando se trata de las últimas tendencias y avances culturales. Busca de vez en cuando en Google los diez programas de televisión más vistos y ve una parte de cada uno de ellos. ¿Por qué? Porque estos programas suelen reflejar la cultura en la que nadan nuestros hijos. Puedes visitar YouTube un par de veces al año para ver los vídeos más vistos. Estos ejercicios no pretenden ser voyeristas, sino educativos. Es importante que los padres estén al tanto de lo que ocurre en nuestra sociedad. Puede que algunas de las cosas que vean les rompan el corazón y les lleven a orar con mayor pasión. Como mínimo, estos ejercicios te ayudarán a comprender mejor el mundo en el que se están criando tus hijos.

CELEBRAR LA SALUD

Un hogar de urgencias es un lugar donde se celebra la salud. Cuando vemos que nuestros hijos dan pasos positivos en la dirección correcta, les hacemos saber lo orgullosos que estamos de ellos. La afirmación a menudo puede inspirar mayores pasos hacia la salud. Alégrate cuando tu hijo diga no a la presión de sus compañeros y hagan una decisión acertada. Celebra cuando tu hija decida no comportarse como sus amigas porque quiere honrar a Jesús.

Otra forma de fomentar un comportamiento sano es aumentar la libertad y la responsabilidad personal que das a tus hijos cuando toman decisiones acertadas. Cuanto más sano sea su estilo de vida, mayor será su libertad. Cuando nuestros hijos empezaron el último año de la escuela preparatoria, ya habían demostrado que tomaban buenas decisiones. Se lo confirmamos dándoles total libertad. Les dimos total libertad en el último año. Básicamente, los tratábamos como adultos; nuestro único requisito era que nos avisaran si iban a pasar la noche en casa de un amigo. Fue asombroso ver cómo cada uno de ellos trataba esta libertad con gran cuidado. Como nos habían demostrado que podían vivir como adultos, les tratábamos como tales, y ellos, a su vez, se comportaban como adultos. Cuando se fueron a la universidad, no se sintieron atraídos por un estilo de vida desenfrenado con su recién encontrada libertad, porque ya habían estado "por su cuenta", tomando sus propias decisiones durante más de un año. La diferencia fue que su primer año de libertad fue en casa, y pudimos observar cómo la utilizaban.

En un mundo roto y herido, Dios se alegra cuando nuestros hogares son faros de gracia y salas de urgencias de curación. Es un regalo para nuestros hijos y una bendición para nuestros vecinos y nuestra comunidad. La verdad es que todos estamos rotos y necesitamos la gracia de Dios. Cuando recibimos el amor de Dios y lo compartimos con los demás, nuestros hogares se convierten en lugares que atraen a los que están rotos y heridos. Jesús es el Gran Médico, y está dispuesto a ofrecer curación como lo hizo cuando caminó sobre esta tierra. La diferencia es que él quiere extender este ministerio a través de nuestros corazones, manos y hogares. Cuando esto sucede, la gracia fluye libremente y nuestros hogares se convierten en un faro en este mundo oscuro y herido.

JARDINERÍA ORGÁNICA

PREPARACIÓN DEL SUELO

Anótalo. Este capítulo empezó con una anotación en un diario. Si nunca has escrito tus reflexiones y oraciones, inténtalo. Durante un mes, saca tiempo para escribir de cinco a diez minutos al menos dos veces por semana. Lleva un registro de lo que ocurre en tu casa y en tu vecindario..

ESPARCIENDO SEMILLAS

Díle estar presente y desconectado. Planifica un rato en familia alrededor de una comida, en el salón o en el jardín. Dedica tiempo y espacio a la conversación. Pídele a todos que se desconecten de todas las tecnologías (a algunos niños les puede resultar doloroso dejar el teléfono durante veinte o treinta minutos). Puedes hacer un par de preguntas, o puedes simplemente hacer un recuento y hacer que cada uno comparta una cosa buena y una cosa no tan buena de su día. Asegúrate de cerrar el tiempo con una oración. Esto puede resultar extraño si nunca lo haces y difícil si los miembros de tu familia están acostumbrados a estar conectados con aparatos cuando están juntos, pero inténtalo.

Estar disponible. Haz saber a tus hijos que quieres estar disponible para ellos todo lo que puedas. Háblales de cómo pueden ponerse en contacto contigo si surge algo urgente. Luego, asegúrate de responder o de estar presente cuando quieran ponerse en contacto (en lo que sea posible).

Ponte al día. Dedica entre veinte y treinta minutos a ver en YouTube los vídeos más populares del día, de la semana o del año. Asegúrate de que SafeSearch está activado cuando busques en Google. Echa un vistazo a algunos de los vídeos musicales más vistos. Habla de lo que aprendes de estos vídeos sobre la cultura en la que crecen tus hijos".

REGAR CON LA ORACIÓN

Escribe tus oraciones. En tu diario, escribe oraciones para las personas que te importan y las cosas que esperas que Dios haga en y a través de tu hogar. Haz de esto una parte normal de tus disciplinas espirituales si te ayuda a enfocar y procesar tus pensamientos.

Capítulo Siete

El Hogar Como Lugar de Juegos

Kevin

> La luz se esparce sobre los justos, y la alegría sobre los rectos de corazón. Alégrense en el Señor, ustedes los justos, y alaben su santo nombre.
>
> — Salmos 97:11-12

> "Dios está persiguiendo con pasión omnipotente un propósito mundial de reunir adoradores gozosos para él de cada tribu y lengua y pueblo y nación. Él tiene un entusiasmo inagotable por la supremacía de su nombre entre las naciones. Por lo tanto, alineemos nuestros afectos con los Suyos y, por amor a su nombre, renunciemos a la búsqueda de comodidades mundanas y unámonos a su propósito global."
>
> — John Piper

Los creyentes deberían ser las personas más alegres del mundo. Después de todo, la alegría es un fruto del Espíritu.[1] Estamos llamados a alegrarnos en el Señor en todo momento.[2] Podemos celebrar incluso en los momentos más dolorosos y difíciles porque Dios está con nosotros.[3] Si los seguidores de Jesús son las personas más alegres del mundo, entonces los hogares cristianos deberían ser lugares de celebración y alegría, lugares donde la gente quiera estar.

Sherry y yo tenemos personalidades radicalmente distintas. Sherry trabaja y juega. Tiene que esforzarse por jugar. No le resulta fácil desprenderse de las responsabilidades de la vida. Yo, en cambio, trabajo y juego. Me encanta lo que hago cada día como pastor y escritor. Disfruto como un niño con mis responsabilidades diarias. Sherry me dice a veces con un brillo en los ojos: "Sabes que no eres normal. Espero que agradezcas a Dios tu disposición". Aunque disfruto con mi trabajo, también saco tiempo semanalmente para alejarme de mis responsabilidades y relajarme, regocijarme, rejuvenecer y jugar.

Al principio de nuestro matrimonio decidimos que queríamos que nuestra casa fuera un lugar divertido, un lugar donde la gente quisiera reunirse. Oramos para que algún día tuviéramos hijos y les encantara estar en nuestra casa, y nos esforzamos por convertir nuestro hogar en un patio de recreo. A mí me resultó un poco más fácil que a Sherry, pero con el tiempo (y algo de trabajo duro) ¡ha aprendido a jugar!

Una fría tarde de Michigan nos sentamos en el suelo del salón a jugar a un juego de mesa con nuestros hijos. Yo crecí jugando a muchos juegos con mi familia. Sherry, no tanto. Mientras jugábamos, mi mujer tenía una pila de ropa sucia a su lado y, entre turno y turno, doblaba algunas prendas en el cesto de la ropa sucia. En un momento dado, uno de nuestros hijos la miró y le dijo: "Mamá, ¿puedes dejar de doblar la ropa y jugar con nosotros?". En lugar de defenderse, Sherry se disculpó y puso la ropa hacia un lado. Se concentró durante el resto del partido. Nuestro hijo le recordó que el recreo no es una oportunidad para hacer varias cosas a la vez. Es un momento para disfrutar juntos, no para trabajar. Enviamos un mensaje claro a nuestros hijos cuando no podemos dedicarles toda nuestra atención. También les enseñamos algo sobre nuestras prioridades, la necesidad de equilibrio y lo que significa vivir una vida de fe cuando hacemos de nuestro hogar un lugar de juego y alegría.

UNA TEOLOGÍA DE DIVERSIÓN, JUEGO Y ALEGRÍA

Para Sherry y para mí es prioritario divertirnos, jugar con nuestros hijos y compartir nuestra alegría con la gente que nos rodea. Después de que nuestro hijo la desafiara a estar presente, Sherry se comprometió a aprender a ser una buena "jugadora". Pasamos incontables horas jugando a una gran variedad de juegos de baloncesto en nuestro camino de entrada con nuestros hijos y docenas de niños del vecindario (y a veces con sus padres). Organizábamos partidos de fútbol en el césped. En invierno, cuando hacía frío, montábamos una pista de hockey en el estanque. Organizamos y planeamos todo tipo de fiestas para nuestros vecinos, los equipos deportivos de nuestros hijos y grupos de amigos del colegio. Celebramos combates de lucha libre en el patio trasero y fiestas de pijamas en el sótano. ¿Por qué tanto empeño en divertirnos y jugar duro? Porque la Biblia nos enseña que Dios se deleita con nuestra alegría.

Uno de nuestros libros favoritos para familias es *Sacred Parenting* (Paternidad Sagrada) de Gary Thomas. En su libro, Gary hace un hermoso trabajo equilibrando la alegría de ser padres con la llamada a dejar que Dios nos forme y nos moldee a través de la experiencia de criar a los hijos.[4] En un momento del libro, Gary cita al conocido autor británico G. K. Chesterton sobre el don de la risa y el placer: "El cristianismo se ajusta a las necesidades más profundas de la humanidad porque nos hace concentrarnos en alegrías que no pasan en lugar de en penas inevitables pero superficiales y transitorias. En lugar de quedar sepultados por la seriedad de un mundo caído, la fe en Jesucristo nos ofrece la capacidad de reír y disfrutar, descansando en las alegrías y placeres eternos prometidos por Dios".[5] Chesterton nos recuerda que podemos y debemos experimentar el deleite—la alegría de Dios—aunque vivamos en un mundo roto y duro. Sólo tenemos que esforzarnos un poco.

En los años ochenta, Sherry y yo asistimos a una conferencia en la zona de la bahía. Uno de los ponentes era Brennan Manning, el autor del libro *Abba's Child* (El hijo de Abba), que compartió esta historia:

Había un sacerdote de Detroit llamado Edward Farrell que se fue dos semanas de vacaciones de verano a Irlanda, donde su único tío vivo estaba a punto de celebrar su octogésimo cumpleaños.

El gran día, el sacerdote y su tío se levantaron antes del amanecer y se vistieron en silencio. Dieron un paseo por la orilla del lago Killarney. Permanecieron uno junto al otro, sin intercambiar palabra, contemplando el sol naciente. De repente, el tío se dio la vuelta y se fue dando saltitos por el camino. Estaba radiante, sonriendo de oreja a oreja.

El sacerdote dijo: "Tío Seamus, pareces muy feliz".

"Lo estoy, muchacho."

"¿Quieres decirme por qué?"

Su tío de ochenta años contestó: "Sí, verás, mi Abba me quiere mucho".

Saber que somos amados por nuestro Padre celestial debería traer gran alegría a nuestros corazones. ¿Cuándo fue la última vez que saltaste de alegría porque te sentías abrumado por la bondad y el amor de tu Padre celestial? ¿Crees que Dios te ama y que también le gustas? ¿Que disfruta de ti, de la persona que ha hecho, de la persona por la que Jesús dio su vida para salvarte? Cuando bebemos profundamente de la gracia de Dios y nadamos en el océano de su insaciable amor, la alegría es un subproducto natural.

Elton Trueblood, en su libro *The Humor of Christ* (El humor de Cristo), escribe: "Cualquier supuesto cristianismo que no se exprese en alegría, en algún momento, es claramente no auténtico o legítimo. El creyente es alegre no porque esté ciego ante la injusticia y el sufrimiento, sino porque está convencido de que éstos, a la luz de la soberanía divina, nunca son definitivos   aunque puede estar triste, y a menudo perplejo, nunca está realmente preocupado. El conocido humor del creyente no es una forma de negar las lágrimas, sino de afirmar algo que es más profundo que las lágrimas".[6]

Los creyentes deben aprender a encontrar este equilibrio entre derramar lágrimas y tener una alegría interior por la fe en que el dolor de este mundo no es el final de la historia. No estamos ciegos ante las necesidades de este mundo, pero estamos tan asombrados por la gracia que la alegría marca nuestras vidas, incluso a través de las lágrimas.

Algunos creyentes temen sus deseos, preocupados de que sea peligroso disfrutar demasiado de la vida. Se preguntan si lo que Dios quiere en realidad es que nos contengamos un poco, que nos pongamos serios y sentemos la cabeza. C. S. Lewis argumenta que el problema no es que deseemos demasiado, sino que no deseamos con suficiente fuerza lo que nos proporciona alegría y placer duraderos: "Si consideramos las promesas de recompensa sin rubor y la naturaleza asombrosa de las recompensas prometidas en los evangelios, parecería que nuestro Señor encuentra nuestro deseo no demasiado fuerte, sino demasiado débil. Somos criaturas poco entusiastas, que tonteamos con la bebida y el sexo y la ambición cuando se nos ofrece una alegría infinita. Somos como niños ignorantes que quieren seguir haciendo tartas de barro en un tugurio porque no pueden imaginar lo que significa la oferta de unas vacaciones en el mar. Nos complacemos con demasiada facilidad."[7] Según Lewis, cuando comprendemos realmente el evangelio, somos libres para beber tan profundamente como queramos del pozo de la bondad de Dios.

Dios desea que caminemos con alegría y experimentemos deleite en esta vida. El apóstol Pablo declara: "Y sabemos que en todas las cosas obra Dios para el bien de los que le aman, de los que conforme a su propósito son llamados "[8]. En el Eclesiastés se nos asegura que hay un tiempo para todo lo que hay bajo el sol, incluyendo los tiempos para disfrutar de las cosas que Dios provee: "Hay un tiempo para cada cosa, y una estación para cada actividad bajo los cielos... un tiempo para llorar y un tiempo para reír, y un tiempo para bailar".[9] Los creyentes deberían ser grandes bailarines y los mejores contadores de chistes (limpios). Incluso Nehemías, que sabía mucho de trabajo duro y conflictos, comprendió el deseo de Dios de que Sus hijos celebraran diciendo: "Id y disfrutad de la comida selecta y de las bebidas dulces, y enviar algo a los que no tienen nada preparado. Este día es sagrado para nuestro Señor. No se entristez-can, porque la alegría del Señor es nuestra fuerza "[10]. Nuestras casas son mucho más atractivas para nuestros amigos y vecinos cuando rebosan risas, alegría y diversión. Un hogar que parece un patio de recreo puede ser un lugar sagrado.

MOMENTOS SAGRADOS

¿Cuáles son los momentos memorables y sagrados de la historia de tu familia? Para nuestra familia, incluyen momentos de risa y alegría, momentos en los que sabíamos que Dios estaba presente y complacido. A menudo nos reíamos juntos hasta las lágrimas. Son momentos celestiales.

Sherry recuerda un momento cuando los niños estaban en edad preescolar. Estaban todos juntos en la sala de juegos y, en una muestra espontánea de pura alegría, Sherry y los niños empezaron a bailar y a reír. Hay algo maravilloso e inocente en ver a los niños pequeños bailar con libertad y alegría. Se reían hasta que les dolía y bailaban hasta quedar exhaustos. Hoy, Sherry lo recuerda como un momento sagrado.

Cuando nuestros hijos eran pequeños teníamos recursos limitados, pero nos empeñamos en crear recuerdos y experiencias de alegría. Tra-bajamos duro para ahorrar dinero extra y poder llevarlos a esquiar. Eran momentos en familia en la creación de Dios, jugando juntos y disfru-tando de Dios y de los demás. La belleza del paisaje mezclada con la emoción del deporte trajo unidad y deleite a nuestra familia. Y en esos momentos, Dios se acercaba a nosotros.

Otros momentos sagrados ocurrieron durante el día a día de la vida. Nuestra familia aún recuerda cuando Josh tenía seis años y estábamos cenando en un restaurante. Josh vio una rodaja de limón en un vaso de agua y supuso que era como una naranja. Le advertimos de que esta-ría muy amargo, pero nos aseguró que podía tomarlo. Rodeó la rodaja con los labios y le dio un buen mordisco. Pudimos ver en sus ojos y en su cara que el limón estaba terriblemente ácido, pero se esforzó por no hacérnoslo saber y no frunció esos pequeños labios. Esto duró cinco o seis rondas de chupar limones. Parece una tontería, pero trajo diversión y risas a nuestra mesa. La cara de ese niño quedará grabada en nuestra memoria para toda la vida.

Asegúrate de dedicar tiempo a este tipo de recuerdos. Asegúrate de atesorarlos cuando sucedan. Sabemos que Dios está presente con nosotros, cerca de nosotros en los momentos difíciles de pérdida y decepción. Pero Dios también está cerca cuando las sonrisas iluminan nuestros rostros, cuando las familias ríen hasta llorar y cuando la alegría fluye libremente. La alegría es un don de nuestro Padre amoroso, y las familias que saben jugar y reír revelan que la gloria del cielo está presente en sus hogares. La risa es un signo de que el reino de los cielos está realmente entre nosotros.[11]

HABLAR SU IDIOMA

Antes mencionamos la importancia de conocer y estudiar a los hijos, y esto también es cierto cuando se trata de divertirse. Los padres deben descubrir qué le gusta a cada niño y crear oportunidades que le resulten divertidas. El autor Gary Chapman es muy conocido por el estudio de lo que él llama "lenguajes del amor".[12] Se centra en cinco formas distintas en que adultos y niños se comunican y reciben amor:

1. Contacto físico
2. Palabras de afirmación
3. Tiempo de calidad
4. Regalos
5. Actos de servicio

La idea de los lenguajes del amor también se aplica a las formas en que disfrutamos jugando y divirtiéndonos. Aunque estas categorías no son exhaustivas, nos recuerdan que cada persona es diferente en lo que disfruta y en cómo le gusta jugar. Lo importante es que aprendas qué te conecta mejor con las personas de tu vida. Estudia a cada uno de tus hijos, averigua qué les demuestra amor y crea experiencias divertidas para que disfruten.

Cuando uno de nuestros hijos estaba en secundaria, decidió que le gustaba el café. Puede que te sorprenda oír esto, pero yo nunca he tomado una taza de café, y no tengo intención de empezar a tomarlo pronto. A Sherry le gusta tomar café de vez en cuando, y le encantaba salir a tomar café con nuestro hijo en muchas ocasiones. Como a él le gustaba el café, se convirtió en un momento especial para conectar. A medida que conocemos a nuestros hijos, descubrimos cómo crear experiencias que les aporten alegría y placer.

UN ESPACIO ACOGEDOR

Josh Harney

A lo largo de los años, tu grupo de amigos cambiará en función de tu etapa vital, tus prioridades y tus intereses. Cuando tenía trece años, compré mi primer monopatín. Empecé a practicar pequeños trucos en la entrada de mi casa y a dar vueltas por mi calle sin salida. Poco después quise esforzarme y aprender a hacer trucos más complejos.

Busqué a otros patinadores de mi instituto y empecé a patinar con ellos por toda la ciudad. Después de clase, la mayoría de los días íbamos en busca de sitios más grandes y mejores para patinar. En los años siguientes, estos chicos se convirtieron en mi grupo de amigos. Algunos de ellos eran un poco brutos, pero mis compañeros eran siempre recibidos en casa con los brazos abiertos. Era un lugar seguro para pasar el rato, comer algo y estar en un ambiente cristiano fuerte.

A medida que el patinaje se hizo más popular, cada vez más lugares ponían carteles que decían "Prohibido patinar". Nos echaron fuera de muchos lugares con buenas escaleras y rieles porque no querían el riesgo del seguro o el posible daño a su propiedad.

Por aquel entonces mi familia hizo algo inaudito. Mis padres pagaron el dinero de los suministros y mi abuelo construyó una rampa para monopatín en nuestro patio trasero. Mi abuelo puede construir cualquier cosa, así que quedó muy bien. Se convirtió en un lugar donde mis amigos y yo podíamos pasar el rato. Resultaba irónico que en una época en la que mucha gente y muchos lugares rechazaban a los patinadores, mi familia no sólo les diera la bienvenida, sino que creó un espacio donde pudiéramos pasar el rato".

EL CAMINO HACIA LA DIVERSIÓN

Dado que cada hogar, cada niño y cada vecindario son únicos, hay más de una forma de convertir tu casa en un parque infantil. Estas son algunas de las lecciones que hemos aprendido por el camino, sobre todo a base de ensayo y error.

1. Deja que tus hijos sean niños

Hoy en día, se presiona a los niños para que crezcan rápidamente, mientras que muchos adultos siguen actuando como adolescentes. Una vez oí a un amigo, Ben Patterson, decir: "Esta generación de jóvenes es una de las más desprotegidas de la historia. Están expuestos a demasiadas cosas, demasiado pronto".[13] Como padres, estamos llamados a ayudar a nuestros hijos a disfrutar de la infancia, no a presionarlos para que crezcan demasiado deprisa.

2. Dejar que el juego sea juego

Quizá le sorprenda que una de las formas en que los niños pierden la alegría de jugar sea a través de los deportes organizados. Cuando los niños practican un deporte, debería ser un juego, algo con lo que disfrutan. Lamentablemente, algunos padres obligan a sus hijos a practicar deporte durante todo el año con la esperanza de que consigan una beca universitaria o la oportunidad de jugar profesionalmente. Es estupendo que un niño destaque en un deporte, pero el juego debe tratarse siempre como un juego. Dejamos que nuestros hijos practicaran un deporte cada vez, y solo continuaban si se divertían. Si se convertía en una carga para ellos, les animamos a no apuntarse a la temporada siguiente. Habla con tus hijos de sus deportes y de cualquier otra actividad en la que participen. Ayúdales a encontrar la alegría en lo que hacen para jugar o alientalos a buscar algún otro tipo de actividad recreativa.

3. Diles sí siempre que puedas

Los padres pueden convertirse fácilmente en máquinas del "no". Su respuesta a la petición de un niño es casi siempre un no rotundo. El libro de Chuck Swindoll *The Strong Family* (La Familia Fuerte) contiene uno de los mejores consejos de paternidad que hemos recibido: los padres deben decir sí siempre que puedan y decir no sólo cuando deban. Hemos vivido con esta regla, y ha traído alegría a nuestro hogar.

Una vez, nuestros hijos preguntaron si podían dormir en un colchón en el suelo sin base de colchón. Sherry se mostró renuente, pero platicamos si había alguna buena razón para decir que no, y no se nos ocurrió ninguna. Así que dijimos que sí. A Sherry le resultó un poco difícil porque nuestros tres hijos acabaron durmiendo en colchones en el suelo durante varios años. Para los chicos, era una forma de hacer de su habitación un lugar en el que se sintieran cómodos. La lección que aprendimos fue que hay que guardar los "no" en el banco y usarlos solo cuando sea necesario. ¡Di sí siempre que puedas!

4. Centrarse en lo positivo

Normalmente, los creyentes deben centrarse en lo positivo. Habrá momentos en los que tendrá que lidiar con asuntos difíciles y confrontar comportamientos erróneos, y cuando lo haga, asegúrese de hacerlo en oración y con sabiduría. Sin embargo, nuestro comportamiento normal debe ser animar, bendecir y edificar a los demás. Esto incluye a nuestros hijos, cónyuges, vecinos y cualquiera que entre en nuestra casa. Es fácil encontrar cosas malas en las que fijarse, pero es igual de fácil encontrar cosas buenas que celebrar. Si quieres tener un hogar que sea un lugar de juego lleno de alegría, céntrate en lo positivo tanto como puedas.

5. Despacio

Nuestra cultura es patológicamente ajetreada y deja poco espacio para bajar el ritmo, respirar hondo y estar en paz. Si vamos a cultivar un hogar con alegría y diversión, no podemos hacerlo mientras conducimos en el carril rápido a cien millas por hora. Tenemos que ir más despacio, dejar de hacer varias cosas a la vez y estar tranquilos con nuestras familias. Deja el trabajo en la oficina, literalmente. No te lo lleves a casa. Apaga el teléfono mientras disfrutas del tiempo en familia. Antes de la era de los móviles, un padre salía a jugar con su hijo y le dedicaba toda su atención. No tenía notificaciones de correo electrónico sonando o vibrando en su bolsillo. Bajar el ritmo es una elección, y puede ser una de las mejores que hagamos por la salud y la alegría de nuestra familia.

6. Pídele ayuda a Dios

Si te cuesta encontrar la alegría en tu vida, intenta pedírsela a Dios. La alegría es uno de los frutos del Espíritu. Algunas personas parecen cultivar este fruto de forma natural, y tienen un extra que pueden compartir con los demás. Pero también hay seguidores apasionados de Jesús que no son tan alegres por naturaleza. Necesitan clamar por la ayuda de Dios. Si estás luchando con una falta de alegría en tu vida, empieza por pedirle a Dios que te ayude a crecer en tu capacidad de jugar y reír y experimentar el gozo que él desea compartir contigo.

7. Encuentra amigos divertidos

Una de las mejores maneras de elevar el cociente de diversión en tu hogar es infundir tus momentos familiares con personas llenas de alegría.

Identifica hombres, mujeres y familias en tu vecindario o comunidad que sepan cómo divertirse. Pídele a Dios que los use para traer alegría a su familia. Cuando vivíamos en Michigan, nuestros amigos Don y Beth Porter siempre traían risas cuando venían a nuestra casa y pasaban tiempo con nuestra familia. Aman a Jesús y llevan su alegría a todas partes. Cuando nos mudamos a California, Rick y Veronica Alexander se hicieron amigos. Siempre traen un espíritu alegre y una presencia juguetona cuando están con nosotros. Tener personas así que comparten nuestro tiempo en familia aumenta nuestra alegría.

8. Establecer límites

Nuestro vecindario en Michigan estaba lleno de chicos. Cada vez que jugaba en el jardín con mis hijos, en cuestión de minutos aparecía una docena de chicos. Disfrutaba organizando juegos y actividades para los chicos del vecindario, pero también había momentos en los que tenía que poner un límite. En un momento dado, nuestros hijos empezaron a preguntar: "¿Podríamos tener tiempo para jugar contigo sin que esté todo el vecindario?". Era una petición justa. Les gustaba jugar con los demás, pero también querían estar a solas con su padre.

Me tomé mi tiempo para explicar a los niños de nuestro vecindario que a veces tendríamos "Tiempo en familia Harney", un tiempo para jugar sólo con mis hijos. Fui amable pero muy claro. Y me sorprendió ver que los niños entendían y respetaban nuestra petición. A menudo, nos veían jugando y gritaban: "¿Es la hora de la familia Harney?". Si les decía que sí, preguntaban cuándo sería la hora de jugar todos y volvían a esa hora.

A muchos de los niños de nuestra vecindad también les gustaba venir en los meses de verano porque teníamos una piscina sobre el suelo. Sherry estableció un día en el que todos los niños del vecindario podían venir si uno de sus padres les acompañaba. Los demás días de la semana se reservaban para nuestros hijos o para los amigos que invitaban. Estos días de piscina del vecindario dieron lugar a grandes momentos de amistad y ministerio con muchas familias de nuestro vecindario. Al establecer límites, Sherry y yo hicimos tiempo para divertirnos con nuestra propia familia mientras cultivamos oportunidades para dar la bienvenida e interactuar con nuestros vecinos y sus hijos.

9. Aprovechar los tiempos de oro

Ciertos momentos son mejores que otros para divertirse en familia: los llamamos los "momentos dorados". Descubrimos varios de estos momentos dorados, momentos en los que nuestra familia estaba especialmente deseosa de participar en una interacción significativa, jugar y compartir las alegrías del día. Para nosotros, esto incluía la mañana, cuando los niños acababan de despertarse, la hora de comer, justo después del colegio y justo antes de acostarse. Animamos a los padres a hacer todo lo posible para estar disponibles en estos momentos dorados. Busquen formas de relacionarse con sus hijos, de jugar con ellos y de disfrutar de la vida juntos en esos momentos.

Para Sherry era prioritario estar en casa cuando los niños volvían de la escuela. Se aseguró de que cada uno de ellos tuviera tiempo para interactuar con ella de una manera significativa que se adaptara a su estilo único. Uno de nuestros hijos era tan sociable que dejaría la mochila en la puerta y se iría a ver a sus amigos. Sherry se aseguró de que entrara a la casa y hablara con ella unos minutos antes de marcharse. Otro hijo necesitaba tiempo después de la escuela para procesar los acontecimientos del día debido a su sensibilidad hacia los demás. Compartía algunas de las victorias y alegrías del día, así como algunas de las cosas más duras que él y sus amigos habían experimentado. Uno de nuestros hijos es más tranquilo y reflexivo. Sherry tuvo que probar diferentes cosas para atraerlo y enseñarle a compartir brevemente su día. A veces le pedía que valorara su día en una escala del uno al diez, siendo diez estupendo. Si daba un número más alto, como ocho, ella le preguntaba: "¿Qué hizo que tu día fuera un ocho?". Si daba un número bajo, como tres, Sherry le preguntaba: "¿Qué habría hecho que tu día fuera un cuatro?".

Yo me inclinaba por el momento dorado de las tardes, justo antes de acostarme. Es increíble cómo tres niños siguen dispuestos a jugar y divertirse cuando el reloj se acerca a la hora de acostarse. Cuando era pequeño, mi padre me daba "columpios" todas las noches. Se agachaba, bajaba los brazos y juntaba los dedos para formar un asiento. Yo me sentaba en sus manos y él me balanceaba hacia delante y hacia atrás entre sus piernas. Lo empecé a hacer con mis hijos cuando eran pequeños, pero luego me pidieron que le pusiera un poco más emocionante. Empezamos a tener nuevas ideas y a inventar todo tipo de columpios. Estaba el columpio de Superman, en el que me tumbaba boca arriba y balanceaba a cada niño sobre mis pies en el aire. Luego decía: "Es un pájaro, es un avión, es Superman", y los lanzaba por los aires, sobre su cama. También teníamos el columpio surfero, en el que yo me tumbaba y ellos se ponían de pie sobre mi estómago. Yo tarareaba la canción de surf "Wipeout" y me aseguraba de que se cayeran al final de la canción. Teníamos varios más, como el columpio avión, el columpio saltarín y el famoso columpio Flipper-Doodle-Do. A lo largo de los años desarrollamos una veintena de columpios diferentes, y nos reímos y nos divertimos mucho juntos.

Convertir tu casa en un parque infantil es estupendo para la divulgación. Anima a tus hijos a querer estar en tu casa y a invitar a sus amigos. Para convertir tu casa en un faro de la gracia de Dios, debe ser un lugar de alegría. Debemos recordar que Dios es el autor de la alegría y que el Espíritu Santo quiere hacerla crecer en cada uno de nosotros. La alegría, la risa y el juego son dones de un Padre celestial que ama a sus hijos. Puede que Dios no haga columpios para nosotros antes de acostarnos, pero nos ofrece algo mucho mejor: una alegría sin fin y el conocimiento de que somos perdonados, amados y aceptados como sus hijos para siempre. Y eso es motivo de celebración.

JARDINERÍA ORGÁNICA

PREPARACIÓN DEL SUELO

Teología del juego. Conversa con tu pareja y tus hijos sobre cómo ve Dios el juego, la alegría y la celebración. Hablen de cómo Dios es el autor de la alegría y de cómo se deleita cuando nos divertimos. Tal vez incluso quieras colocar un pasaje como Eclesiastés 3:1, 4 donde guardes tus juguetes o juegos.

ESPARCIENDO SEMILLAS

Estudio del lenguaje. Estudie a cada uno de sus hijos e identifique qué lenguaje les hace sentirse amados y experimentar alegría. Cuando sepas cuál es el lenguaje del amor de cada uno de ellos, ponlo a prueba y trata de mostrarles amor de una manera que se adapte al cableado que Dios les ha dado.

REGAR CON LA ORACIÓN

Camino a la diversión. Repasa las nueve ideas que pueden ayudarte a construir un camino hacia la diversión en tu hogar. Identifique una que no sea un punto fuerte en su vida y establezca una meta para desarrollar un mejor comportamiento en esta área durante la próxima semana. Ora para que el Espíritu Santo te guíe hacia ese objetivo.

Capítulo Ocho

El Hogar Como Lugar de Oración

Sherry

El que cree en mí —clamó Jesús con voz fuerte—, cree no solo en mí, sino en el que me envió. Y el que me ve a mí ve al que me envió. Yo soy la luz que ha venido al mundo, para que todo el que crea en mí no viva en tinieblas..

— Juan 12:44-46

"Tu casa se convertirá en un lugar de oración cuando hablar con Dios sea como respirar... debemos hacerlo o moriremos. La oración no es un comportamiento rutinario que ejecutamos a una hora fija del día con una repetición sin sentido. Es una conversación continua y apasionada con el Dios que nos ama y desea comunicarse con sus hijos."

— *Garth Megargee*

Es casi imposible conseguir trabajo en esta ciudad".

Eso es lo que le dijeron a nuestro hijo menor, Nate, cuando se trasladó a Spokane, Washington, para asistir al Moody Bible College. Sus compañeros de clase le aseguraron que no era fácil encontrar trabajo en una ciudad con tanta población universitaria.

Pero esto no le desanimó. Nate nos llamó y nos preguntó que si podía buscar trabajo hasta que lo tuviera. Oramos con él por teléfono y salió a buscar trabajo.

Nate volvió a llamar unos días después. ¡Tenía trabajo! Había conseguido trabajo en una tienda de telas, para su sorpresa—y la nuestra. Entró en la tienda, habló con la encargada y le prometió que trabajaría todo lo que pudiera y le daría el ciento por ciento. Lo contrató en el acto.

Como nunca me había interesado mucho la costura, le pregunté a Nate: "¿Sabes algo de telas?". Respondió con confianza: "No, pero voy a aprender". Kevin y yo oramos por Nate mientras dábamos un paseo por el atardecer esa noche, y dimos gracias a Dios por su provisión. También pedimos a Dios que usara a Nate para hacer brillar la luz de Jesús mientras ayudaba a la gente con sus pedidos de telas y mientras se relacionaba con sus compañeros de trabajo.

Como no es muy común que un hombre trabaje en una tienda de telas, hubo algunas interacciones graciosas. Un día, Nate nos llamó para contarnos que había estado ayudando a una clienta a elegir tela para hacer algo para su novio. Ella miró a nuestro hijo y le dijo: "Si fueras un chico, ¿cuál de estas dos telas te gustaría más?". Nate tiene un agudo sentido del humor y, sin perder un segundo, respondió: "Que no te engañe mi delantal. Soy hombre y elegiría la tela de la derecha".

También hubo momentos más serios. Nate compartió con nosotros una ocasión en la que mantuvo una conversación con otra empleada y ella, de repente, empezó a hacerle preguntas sobre Dios, el cielo y el infierno. Sabiendo que Nate era creyente, ella quería saber por qué creía lo que creía. Nate le habló del pecado, de la gracia de Dios y de la salvación que se ofrece a todos los que confían en Jesús. Al final de la conversación, esta mujer, gracias a la gracia del Espíritu, respondió al evangelio y abrazó a Jesús.

Esto es lo que sucede cuando tu casa es un lugar de oración. Nuestro hijo había sido objeto de nuestras oraciones demasiadas veces como para contarlas, incluso antes de nacer. Al crecer, aprendió a orar en nuestra casa. La práctica y el hábito de la oración formaron y moldearon su teología y su "comprensión de Dios". Y por la gracia de Dios, se convirtió en un hombre de oración. Nate había estado orando para que la luz de Dios brillará a través de él en su lugar de trabajo. Los miembros de su familia también habían estado pidiendo a Dios que se moviera en y a través de Nate mientras trabajaba en la tienda. Y ahora vimos las respuestas a esas oraciones.

Cuando Nate compartió esta historia con nosotros, nos acordamos de que los ángeles se regocijaron ese día porque una persona perdida y errante volvió a casa con Jesús.[1] Pero también nos dimos cuenta de que este momento de gloria no surgió de la nada. Fue el resultado de la respuesta de Dios a miles de oraciones por Nate, con Nate y por Nate a lo largo de veinte años de su vida. Nuestros hogares pueden ser poderosos defensores de la oración.

DESARROLLAR UN HOGAR DE ORACIÓN

La teología que guía nuestras vidas se forja en el horno de la oración. Cuando oramos en nuestros hogares, aprendemos quién es Dios y declaramos lo que creemos sobre él. Para desarrollar el hábito de la oración, hay una serie de cosas que son esenciales, no importa si eres un padre soltero, una pareja con niños pequeños, recién casados, nidos vacíos, o padres de adolescentes.

Tener una relación auténtica con Dios

La oración sólo tiene sentido cuando conocemos el evangelio y hemos recibido la gracia de Dios mediante la fe en Jesús. La oración no es una fórmula mágica o un encantamiento que utilizamos para manipular a

Dios. Es una comunicación honesta y sincera con un amigo íntimo. Sólo que este amigo en particular resulta ser el Hacedor y Gobernante del universo.

Jesús dijo: "Si permanecen en mí y mis palabras permanecen en ustedes, pidan todo lo que quieran y se les será hecho. Esto es para gloria de mi Padre, que hagan mucho fruto y sean mis discípulos"[2]. Jesús promete que cuando pedimos, obtendremos lo que queremos. Pero fíjate en la base de esto: que "permanezcamos" o habitemos en Jesús. Esto se refiere a una relación de intimidad, amistad y conexión. Las personas en hogares de oración tienen este tipo de relación creciente con Dios.

Jesús también nos dice que él es el Buen Pastor, y como Buen Pastor, sus ovejas escuchan a Dios. Como Buen Pastor, sus ovejas escuchan su voz: "Llama a sus ovejas por su nombre" y las conduce fuera. Cuando ha sacado a todas las suyas, va delante de ellas, y sus ovejas le siguen porque conocen su voz".[3]

Las ovejas conocen a su pastor. Distinguen su voz de la de los extraños. Cuando la oyen, levantan la cabeza y lo buscan. Cuando lo ven, se ponen en movimiento. Siguen al pastor. Esta imagen de las ovejas que siguen a su pastor es una bella imagen de la oración que se escucha. Como ovejas de Jesús, se espera que reconozcamos su voz y respondamos a ella. En nuestros hogares, debemos desarrollar momentos y oportunidades para escuchar y responder a la llamada y la guía de Jesús, nuestro Buen Pastor. Cuando practicamos este tipo de permanencia y escucha de Dios en el hogar, enseñamos teología. Enseñamos a nuestros hijos que Dios es real. Él se preocupa. Él habla. Que está presente. Los niños aprenden estas verdades una y otra vez cuando se ora por ellos y cuando oran con sus padres.

Conocer a Dios como Padre perfecto

Nuestro Padre celestial anhela que las personas perdidas vuelvan a casa, que las ovejas errantes le sigan a pastos verdes y que las vidas rotas sean sanadas. El evangelio de Juan recoge estas esperanzadoras palabras: "A todos los que le recibieron, a los que creyeron en su nombre, les dio el derecho de ser hijos de Dios, no nacidos de sangre, ni de decisión humana, ni de la voluntad del marido, sino nacidos de Dios"[4]. Cuando llegamos a Dios a través del sacrificio de Jesús en la cruz, nos convertimos en sus hijos y él en nuestro Padre eterno.

Dios nos dice que quiere que le conozcamos íntimamente, como nuestro Abba, nuestro Papá.[5] Esto significa que no oramos a un poder desconectado, a un "primer motor" que puso en marcha el universo y nos dejó para que lo resolviéramos por nosotros mismos.[6] La oración es comunicación con Dios, el Dios que dejó su gloria eterna para venir a vivir entre nosotros, el Dios que nos adopta y nos llama sus hijos.[7] No podemos olvidar que cuando oramos hablamos con alguien que nos ama más allá de nuestra comprensión. En Primera de Juan encontramos: "Así mostró Dios su amor entre nosotros: Envió a su hijo unigénito al mundo para que viviéramos por él. Esto es amor: no que nosotros hayamos amado a Dios, sino que él nos amó a nosotros y envió a su hijo como sacrificio expiatorio por nuestros pecados".[8] Nuestro Padre nos ama tanto que nos dio su regalo más preciado, la vida de Jesús, para que volviéramos a relacionarnos con él.

Jesús nos enseña la importante conexión que existe entre el amor del Padre y la oración: "Pídele y se te dará; busca y encontrarás ; toca y se te abrirá la puerta. Porque todo el que pide, recibe; el que busca, encuentra; y al que toca, se le abrirá la puerta. ¿Quién de ustedes, si su hijo le pide pan, le dará una piedra? ¿Y si le pide un pez, le dará una serpiente? Pues si ustedes, siendo malos, saben dar cosas buenas a sus hijos, ¡cuánto más nuestro Padre que está en los cielos dará cosas buenas a los que se las pidan!"[9]

Jesús nos recuerda, como seguidores y amigos suyos, que orar a Dios como un Padre amoroso, proveedor y protector solidifica nuestras creencias. La oración fortalece nuestra fe y nuestra confianza en el amor de nuestro Padre. Nuestro Padre celestial nos ama incluso más que nuestros padres terrenales. Si en nuestras vidas hay quebranto o dolor debido a una mala relación con un padre terrenal, la oración es una de las maneras en que Dios nos muestra que es diferente, que es un Padre amoroso. En la oración, recordamos el evangelio. Recordamos que Dios lo dio todo por nosotros, entregando su vida por nosotros, y que nos buscó cuando estábamos perdidos en la oscuridad y muertos en nuestros pecados. La oración nos recuerda que Dios nos ama y nos valora más de lo que podemos soñar. Conocer a Dios como Padre nos da confianza y fuerza que se reflejan en nuestra familia, en nuestros amigos y vecinos, y en el mundo.

Dar prioridad a la oración

Las familias que quieren experimentar el poder de la oración deben orar de verdad. Sé que esto suena obvio, pero es profundamente importante. Todos los creyentes creen en la oración, pero no todos oran mucho porque el hábito de reservar tiempo para comunicarse y hablar con Dios no es normal ni natural. No encaja orgánicamente en el flujo de su vida. Muchos oran de vez en cuando antes de una comida o de un acontecimiento especial, pero la oración no es algo que impregne su vida doméstica y familiar.

En su evangelio, Marcos pinta un hermoso cuadro de Jesús orando. Cuenta que "muy de mañana, cuando aún estaba oscuro, se levantó, salió de casa y se fue a un lugar solitario, donde oraba"[10]. Los evangelios nos dicen que Jesús hizo de la oración una prioridad. Jesús reservaba un tiempo de su jornada para estar a solas con su Padre. Si el Señor sentía la necesidad de estar en comunión con el Padre y sacaba tiempo para hablar con él, ¿cuánto más lo necesitamos nosotros en nuestras vidas?

Como padre, enseñas a tus hijos cada vez que oras con ellos. Pero también declaras algo sobre Dios y tu fe cuando no participas en la oración. Cuando la oración es algo natural, frecuente y normativo en tu hogar, se percibe la presencia de Dios y se afirma su poder. Al mismo tiempo, cuando los grandes momentos de la vida y los tiempos de dolor van y vienen sin que se eleven oraciones a Dios, el mensaje es igual de alto y claro: Dios no está interesado en nuestras vidas. No orar ni involucrar a Dios en nuestras vidas muestra a los demás que pensamos que podemos ocuparnos de las cosas por nosotros mismos. La falta de oración revela que nuestra confianza y nuestra esperanza están en nosotros mismos. La oración es una de las expresiones más prácticas y evidentes de nuestra fe en Dios, en su amor y en su poder.

Asociarse con Dios

La oración nunca es pasiva. Se ha dicho que "la oración no es la preparación para la batalla; es la batalla"[11]. Cada vez que oramos, algo sucede, tanto en los reinos celestiales como en la tierra. La oración es una invitación de Dios a que colaboremos con él en el cumplimiento de su voluntad en este mundo. El apóstol Pablo nos recuerda: "Porque somos hechura de Dios, creados en Cristo Jesús para hacer buenas obras, las cuales Dios preparó de antemano para que las hiciéramos".[12] Estamos hechos con un propósito, para obras específicas que Dios ha preparado para nosotros y que revelan su gloria y bondad al mundo. El apóstol Pablo también dijo a los creyentes de la ciudad de Corinto: "Porque nosotros somos colaboradores al servicio de Dios; nosotros somos el campo de Dios, el edificio de Dios".[13] Dios nos ve como sus socios—sus colaboradores—y quiere que participemos en sus propósitos para este mundo. ¿Quieres saber cuál es la voluntad de Dios para tu vida, para tu familia y para tu futuro? Comienza de rodillas, clamando por la sabiduría y la guía de Dios. La oración nos da el poder de Dios para que podamos hacer el trabajo que Dios ha preparado para nosotros. ¿Quieres bendecir a tu vecindario y asociarte gozosamente con Dios para compartir su amor con los demás? Todo comienza con el ministerio de la oración.

Reconocer que el dolor es real

La oración debe ser honesta. Cuando buscamos a Dios, le escuchamos y hablamos con él en nuestros hogares, tenemos que decir la verdad. Si oramos sólo por las cosas buenas, nos estamos perdiendo parte de la conversación. Cuando nos negamos a clamar a Dios desde lo más profundo de nuestro dolor, robamos a nuestros hijos, a nuestro cónyuge y a los demás la oportunidad de ser sinceros con nosotros. Un hogar de oración es un lugar donde se reconoce el dolor, se llora la pérdida y se admite el miedo.

El libro de oraciones de la Biblia es Salmos, y dentro de esta extensa colección de oraciones hay un grupo de salmos llamados lamentos.[14] Los lamentos son oraciones de honestidad transparente y emoción cruda, expresiones de dolor, ira, frustración y tristeza. ¿Por qué Dios, a través de la inspiración de su Espíritu Santo, registra tantas oraciones llenas de tanto dolor, pérdida, herida y miedo? La respuesta es clara. Es la vida real.

El dolor es real. Todos sufrimos pérdidas.

Y a Dios le importa.

Al orar con este nivel de honestidad, enseñamos a nuestras familias que es natural y normal clamar a Dios en nuestra pérdida y lucha. Les enseñamos a buscar en Dios fortaleza y esperanza. Cuando oramos con palabras auténticas, expresando la profundidad de nuestro dolor y temor, enseñamos a los demás que Dios se preocupa por sus hijos y que comprende lo que estamos pasando.

Comprender que necesitamos sabiduría

En el libro de Santiago se nos enseña otro aspecto importante de la oración: la sabiduría. "Si a alguno de nosotros le falta sabiduría, que se la pida a Dios, que da generosamente a todos sin hallar falta, y le será dada. Pero cuando pidas, cree y no dudes, porque el que duda es como la ola del mar, que se agita y es zarandeada por el viento"[15]. A lo largo de los años de crianza, cuando he esperado en el Señor y he tratado de ser luz en el mundo, a menudo he recordado este versículo, le he tomado la palabra a Dios y le he pedido que me mostrara el camino. Dios tiene sabiduría que ofrece a todos los que se la piden con confianza. En el Antiguo Testamento, Dios asegura a su pueblo que quiere ayudarle a tomar buenas decisiones: "Yo te instruiré y te enseñaré el camino que debes seguir; te aconsejaré con mi mirada amorosa "[16]. ¡Qué consuelo trae esto a un hogar!

Con demasiada frecuencia intentamos resolver todo por nuestra cuenta. Vivimos en una época en la que podemos buscar nuestras preguntas en Google y encontrar respuestas en cuestión de segundos. Las repisas de las librerías están llenas de libros sobre cualquier tema. Hay canales de televisión dedicados a cocinar alimentos, comprar una casa, encontrar consejos médicos, llevar las finanzas y cientos de otras áreas de interés. Parece como si todas las respuestas y la sabiduría del mundo estuvieran a nuestro alcance. Podemos encontrar la ayuda que necesitamos en una fracción de segundo con el clic de un ratón.

Y, sin embargo, todos sabemos que, incluso con estas respuestas, falta algo. La sabiduría de Dios es diferente de cualquier cosa que podamos obtener de los médicos de la televisión, los expertos financieros y los presentadores de programas de entrevistas. Ni siquiera las ideas más sabias de los maestros de la Biblia pueden sustituir a la sabiduría de Dios. Se nos dice que Dios quiere que le preguntemos directamente y que él nos hablará, nos convencerá o nos dará una visión. La palabra de Dios es una reserva de sabiduría mayor que cualquier buscador de Internet. Como nos recuerda Santiago, tenemos que acudir a Dios en oración, pedirle sabiduría y creer que nos la dará.

Luchar en la batalla

A nuestro alrededor se libra una batalla espiritual muy real.[17] La batalla también tiene lugar en nuestro interior. La oración es nuestra arma en esta guerra mientras oramos contra la obra del enemigo en el mundo y en nuestros hogares. Kevin y yo hemos orado por nuestro hogar y nuestros hijos más veces de las que podemos recordar. Hemos orado por la protección del Espíritu de Dios sobre nuestros hijos. Hemos clamado para que la presencia de Dios gobierne en nuestro hogar.

Muchas de estas oraciones las hicimos solos o con nosotros dos, pero a medida que nuestros hijos crecieron, los invitamos a participar en algunos de estos momentos de conflicto intercesor. Cuando orábamos sobre conflictos o pruebas, intentábamos tener el corazón de Jesús, recordando cuando dijo: "Mi oración no es que los saques del mundo, sino que los protejas del maligno".[18] Jesús oró para que Dios protegiera a sus discípulos de los ataques de su enemigo, y nosotros también nos hemos hecho eco de este clamor por nuestros hijos. El poder del Espíritu Santo de Dios en la vida de un creyente es siempre mayor "que el poder de nuestro enemigo". "Ustedes , queridos hijos, son de Dios y lo han vencido, porque él que está en ti es mayor que el que está en el mundo "[19].

Cuando oramos con confianza, vivimos nuestra teología. Sabemos que Dios vence. Él manda. Recordamos el evangelio, que Jesús destruyó el poder del pecado y de la muerte cuando murió en la cruz y resucitó.[20] Orar nos ayuda a caminar y a vivir con paz y certeza porque sabemos cómo termina la historia.

Si quieres que tu hogar sea un faro para Jesús, la oración debe ocupar un lugar central en todo lo que hagas. Sus hijos aprenderán que Dios está presente y que nos colma de su amor. Verán que Dios nos da sabiduría, que ha ganado las batallas a las que nos enfrentamos y que se preocupa por nuestras heridas y temores. La oración nos une a Dios, recordándonos que somos partícipes de su obra. Cuando la oración es un hábito en nuestro hogar, brilla como un faro con la presencia misma de Dios, y la gente siente que está a salvo de las rocas y los afilados arrecifes de este mundo. Las personas de nuestra comunidad también se sentirán atraídas por esta luz, incluso las que no creen en Dios ni conocen a Jesús.

TEJER LA ORACIÓN EN EL TEJIDO DE NUESTRO HOGAR

Tus hijos aprenderán a orar sobre todo observándote a ti. ¿Cómo modelas y enseñas la oración en casa? He aquí algunas sugerencias basadas en nuestra experiencia.

1. Ser una persona de oración

Empieza por ti mismo. Pídele a Dios que encienda tu corazón y abra tus ojos para que veas su increíble gracia y amor. Invita al Espíritu Santo a obrar en ti y a través de ti, y a convencerte de cualquier aspecto de tu vida en el que tu corazón se esté desviando del camino santo de Dios. Confiesa tus pecados y arrepiéntete de ellos. Haz que la oración forme parte de cada momento.

No tengas miedo de hacer públicas tus oraciones. Es bueno para los niños ver a sus padres profundamente implicados en la oración y el estudio de la palabra. Deja que tus disciplinas espirituales diarias y tu auténtica relación con Jesús sean obvias y evidentes para ellos. Los niños necesitan ejemplos a seguir. Pregúntate: Si mi hijo crece con una vida de oración como la mía, ¿sería algo bueno?

OBSERVAR Y APRENDER

Josh Harney

No recuerdo muchos detalles concretos de mi infancia, pero sí una cosa que veía todas las mañanas mientras crecía. Después de despertarme, si me aventuraba en silencio al estudio de mi padre o salía a nuestra terraza trasera, vería a uno de mis padres estudiando la palabra o en comunión con el Señor, profundamente en oración. Y siempre que pasaba junto al fregadero de la cocina, veía pequeños pasajes de las Escrituras escritos en notas, colocadas encima del fregadero. Mi madre solía memorizar o recitar estos versículos de la palabra de Dios.

Mis padres nos animaban a pasar tiempo en la palabra y en la oración, pero nunca fue algo que nos impusieran dictatorialmente. En última instancia, nos dejaban sentarnos, abrir la Biblia y hablar con Dios. ¿Por qué lo hacía yo? Porque nos dieron ejemplo. A día de hoy, hago todo lo posible por leer al menos un capítulo de las Escrituras cada mañana, meditar en algunos versículos clave y dedicar tiempo a la oración.

Lo admitan o no, los niños observan constantemente cada movimiento de sus padres o cuidadores. Y nos guste o no, nos encontramos imitando su comportamiento más tarde en la vida. Sé que la vida de mis padres ha moldeado significativamente mis propias actitudes y comportamientos. Afortunadamente, su amor por Dios era una parte natural de nuestra familia. Estoy seguro de que, con el paso de los años, seré aún más consciente de hasta qué punto su ejemplo ha influido en mi vida.

2. Ora con tu cónyuge

Los matrimonios deberían dedicar tiempo a orar juntos con regularidad. Sus hijos deben ver a su papá y a su mamá buscando a Dios en oración como pareja. Cada vez que Kevin y yo dirigimos un retiro matrimonial o hablamos en una conferencia, descubrimos que muchas parejas nunca han orado juntas. Así que les guiamos a través de un sencillo ejercicio, mostrándoles una forma no amenazadora de empezar a orar en pareja. Les pedimos que tomen dos sillas y se pongan uno frente al otro, sentados cabeza con cabeza, rodilla con rodilla, mano con mano y corazón con corazón. Luego les decimos a los maridos (o futuros maridos) que ellos serán los responsables de dirigir la oración. A menudo vemos una inquietud en los ojos de los maridos en este punto, así que rápidamente les aseguramos que será fácil y significativo, y que les ayudará a aprender a ejercer el liderazgo espiritual en su matrimonio.

Pedimos a las parejas que se sienten en silencio, y les decimos a los maridos que empiecen orando en silencio, pensando en algunos temas sobre los que deberían orar como pareja. Cuando se les ocurra algo, pueden decir: "Oremos por nuestra próxima boda", "Oremos por nuestras familias" o cualquier otra cosa que se les ocurra. Entonces animamos a la pareja a que cada uno eleve breves oraciones sobre este tema. Una vez que ambos han orado al menos una vez sobre un tema, el marido presenta los otros temas que le preocupan y ambos oran breves oraciones sobre cada uno de ellos. A continuación, es el turno de la esposa. Después de que las parejas hayan orado así durante unos minutos y hayan tratado tres o cuatro temas, pedimos a los esposos que digan algo como: "Elevamos todas estas oraciones en el nombre de Jesús." ¡Ya está!

A un número sorprendente de mujeres se les llenan los ojos de lágrimas después de hacer este sencillo ejercicio de aprendizaje. Estas mujeres han estado anhelando la oportunidad de orar con sus maridos, y la experiencia libera un torrente de alegría y agradecimiento. Orar juntos es poderoso. Si usted está casado con un creyente, haga de la oración una parte normal de su relación.

3. Ora por tus hijos

Ore para que sus hijos e hijas amen a Dios con todo su corazón, alma, mente y fuerzas.[21] Ore para que amen comunicarse con su Padre celestial en oración. Pídale a Dios que se encuentre con su hijo o hija en la oración y los atraiga a una relación tan profunda que tengan hambre de pasar tiempo en comunión con el Dios que los hizo y los ama.

Ore para que el carácter de su hijo crezca y se parezca cada vez más al hombre o la mujer que Dios quiere que sea. Si no está seguro por dónde empezar, considere levantar un fruto del Espíritu específico para ellos hasta que vea que ese fruto en particular crece y florece en su vida.[22] Ore por su hija si siente que necesita paciencia por una temporada. Ore para que su hijo tenga dominio propio en una relación. Kevin ora específicamente por un fruto del Espíritu para cada uno de nuestros hijos diariamente. Eso le orienta sobre cómo orar por ellos.

A través de los años descubrí el poder de orar en pareja con otras mamás. Algunas de estas alianzas de oración eran informales y consistían en reunirse con una o dos mujeres, hablar de cómo estaban nuestros hijos y orar. Otras eran más intencionales. Durante algunos años formé parte de una maravillosa reunión semanal de madres orantes llamada Moms in Touch (Madres en Contacto), (ahora llamada Moms in Prayer International (Madres en Oración Internacional)). Este tiempo constante de oración con mujeres de ideas afines tuvo un gran impacto en mis tres hijos y en mí. Además, he hablado y animado a madres más jóvenes a través de los grupos de MOPS (Madres de Preescolares) Internacional en todo el país. Este es también un ministerio dinámico y centrado en Cristo que fomenta la oración y apoya a las madres de niños pequeños.[23]

Cuando nuestros hijos eran pequeños, a menudo oraba con ellos antes de que fueran al colegio. Algunos días les decía: "Hoy oraré por ustedes", o les decía algo en particular por lo que oraría ese día. Cuando crecían, les preguntaba si había cosas específicas por las que podían orar en sus vidas. No tenga miedo de preguntar a sus hijos por sus necesidades. Además de servir para tus oraciones, puede ser una buena manera de estar al tanto de lo que pasa en sus vidas. Asegúrese de volver a consultar con ellos para saber de cualquier respuesta a la oración. Cuando Dios responda a una oración, aproveche para dar gloria a Dios y enseñe a su hijo que Dios sí responde a la oración. Sus hijos comprenderán que la oración marca la diferencia.

4. Ora con tus hijos

Es importante que los padres creyentes no sólo oren por sus hijos, sino que también encuentren oportunidades para orar con ellos. Este patrón y estilo de vida debe continuar durante toda su vida. Es raro que pase una semana sin que Kevin y yo oremos con alguno de nuestros tres hijos sobre algún asunto de sus vidas, aunque ya son adultos. A menudo nos llaman o nos envían un correo electrónico pidiéndonos que oremos.

Asegúrate de reservar un tiempo para orar durante las comidas y antes de acostarte. Este ritmo de momentos y lugares regulares para la oración puede ser muy valioso. Orad también juntos espontáneamente en esos momentos en que se expresa una alegría, se articula una necesidad o una situación de la vida presenta una necesidad. Da gracias a Dios cuando tu hija pequeña te cuente que ha hecho una nueva amiga. Ora para que sea una el amor de Dios brille a través de tu hija. Deténgase a orar con su hijo cuando le cuente que va a presentarse a las pruebas de un equipo deportivo. Pídele a Dios que le ayude a dar lo mejor de sí mismo y ora para que se haga la voluntad de Dios.

Ora con tus hijos sobre las oportunidades que tienen de llegar a aquellos que aún no conocen el amor y la gracia de Jesús. Pregúnteles sobre la condición espiritual de sus amigos. Si tu hijo o hija tiene un amigo íntimo que no es seguidor de Jesús, dedica tiempo a orar con tu hijo por oportunidades para invitar a este amigo a tu vida y conectarlo con otros seguidores de Jesús. Pídele al Espíritu Santo que haga brillar su luz en y a través de su hijo. Ora para que tu hijo o hija sea valiente y esté listo para compartir su historia de fe y las buenas noticias de Jesús cuando sea el momento adecuado.

Como Kevin era el pastor de nuestra iglesia, todos los domingos íbamos en coches separados, y me di cuenta de que nuestros diez minutos de trayecto serían una gran oportunidad para orar con los chicos. Durante estos viajes, les enseñé que se puede orar con los ojos abiertos. Después de todo, la Biblia nunca dice que tengan que estar cerrados. Mientras nos dirigíamos a la iglesia, oramos por su padre mientras se preparaba para predicar. Oramos para que nuestros corazones estuvieran abiertos y listos para adorar y aprender en la escuela dominical. Oramos por todo lo que sucedería en la iglesia ese día. Cuando nuestros hijos crecieron y empezaron a conducir en mi lugar, me di cuenta de que era una auténtica delicia escucharlos orar—en voz alta y con los ojos abiertos— mientras íbamos juntos a la iglesia.

5. Enséñale a tus hijos a orar por sí mismos

Cuando dediques tiempo a orar con tus hijos, es importante que aprendan que pueden elevar sus propias necesidades y alabanzas. Ayúdales a descubrir que Dios escucha sus oraciones, incluso cuando tú no estás con ellos. Tenemos que tener cuidado de no enviarles el mensaje de que necesitan que su mamá o su papá oren por ellos para que sus necesidades sean escuchadas. Es una gran alegría paterna ver a tus hijos llevar sus propias necesidades y alegrías (y las necesidades de los demás) ante Dios con la confianza de que el Hacedor del cielo y de la tierra escucha y responde a sus oraciones.

6. Enséñales a tus hijos a orar con los demás

A medida que hablar con Dios se convierte en una parte natural de tu vida, anima a tus hijos a orar con los demás. Ayúdales a descubrir el gozo de orar con otros creyentes, así como con aquellos que aún no son seguidores de Jesús. Aprenderán a liderar los tiempos de oración orando a menudo contigo.

Supongamos que los miembros de tu familia han estado orando durante años para que la abuela conozca y abrace a Jesús. Ella se enferma y ustedes van a visitarla. ¿No sería maravilloso que tu hija de nueve años, tu hijo de trece o tu hija de veinte se acercaran a la abuela y le preguntaran: "¿Te parece bien que ore una oración por ti?". Lo peor que podría pasar es que la abuela dijera: "No, gracias". En muchos casos, ella recibirá encantada la oración de su nieto, aunque no esté segura de que realmente vaya a cambiar las cosas. En esos momentos, Dios puede manifestarse de forma tierna y a veces poderosa.

Los creyentes dedican mucho tiempo a invitar a la iglesia a amigos, vecinos y familiares no creyentes. Esto es bueno. Uno de los principales objetivos de estas invitaciones es que las personas que nos importan asistan a un servicio o evento de la iglesia y experimenten la presencia, el poder y la realidad de Dios. Queremos que se encuentren con Jesucristo y sientan la presencia del Espíritu Santo de Dios.

Cuando nuestro hogar es un lugar de oración y oramos orgánicamente por y con la gente, Dios está presente. El Espíritu Santo se hace presente. Está bien invitar a la gente a la iglesia para que conozcan a Dios, pero cuando oramos, Dios viene a nosotros. Una casa de oración desata el poder de Dios allí donde vivimos, y la realidad de la presencia de Dios puede sentirse mucho antes de que la gente entre en el recinto de una iglesia.

JARDINERÍA ORGÁNICA

PREPARACIÓN DEL SUELO

Asociarse a Dios. La oración es una forma de unirse a lo que Dios ya está haciendo. Hay un libro y un plan de estudios maravillosos de Henry Blackaby y Claude King que tratan de ayudar a la gente a descubrir dónde está actuando Dios y a unirse a él.[24] Recorre tu casa y tu vecindario y pídele al Espíritu Santo que te dé ojos para ver dónde está actuando Dios. Después, comprométete a orar en colaboración con lo que Dios ya está haciendo durante los próximos siete días. Comprueba si esta oración tiene algún impacto.

ESPARCIENDO SEMILLAS

Ora en pareja. Si estás casado con un creyente y no tienen un patrón de oración juntos, utilicen el enfoque enseñado en este capítulo dos o tres veces en la próxima semana.

REGAR CON LA ORACIÓN

Dedica tiempo. Haz que la oración forme parte del flujo normal de tu día. Hay momentos para dejar todo y orar, y momentos para añadir la oración a lo que ya estás haciendo. Sé que Kevin ora por mí todos los días mientras hace la cama. Lleva haciéndolo más de una década. También sé que ora por cada uno de los miembros de nuestra familia, así como por su familia extendida, cuando nada en la piscina local. Durante años oré por mi comunidad mientras corría. Ahora lo hago mientras camino y cuando camino por los senderos. Kevin y yo oramos por otras iglesias locales cuando pasamos por delante de ellas. También oramos por un avivamiento y un nuevo movimiento de Dios en nuestra comunidad. Puedes añadir la oración cuando andas de compras, al tiempo que pasas al margen de los acontecimientos deportivos de tus hijos y a cualquier otra cosa que hagas a lo largo del día.

Parte Tres

CONVIERTE TU HOGAR EN UN FARO

En la sección uno, vimos la importancia de alcanzar a los miembros de nuestra familia con el evangelio. No queremos ser personas que compartan el amor de Dios con nuestra comunidad, pero si nos olvidamos de guiar a nuestros propios hijos y a los miembros de la familia extendida hacia Jesús. En la segunda sección, hablamos de las maneras en que podemos criar a nuestros hijos para que amen a Dios y vivan para él. En esta tercera sección, exploraremos las maneras en que podemos impactar nuestro vecindario y la comunidad en general con la gracia y el mensaje de Jesús.

Comenzaremos recordando que Dios nos ha colocado a cada uno de nosotros exactamente donde quiere que estemos ahora. En la sabiduría soberana de Dios, vives donde vives para que Dios pueda llegar a la gente a través de ti. Tu hogar es un factor en los planes estratégicos del cielo más de lo que te imaginas. La gente será atraída a Jesús cuando el Espíritu Santo trabaje a través de tu familia. Las conversaciones que tienes con la gente y las cosas que haces con y para ellos pueden revelar la presencia y el poder de Dios. Mientras los miembros de tu familia se dispersan por tu comunidad cada día, recuerda que Dios está enviando a cada uno de ellos en una misión para llevar la esperanza y la verdad de Jesús a un mundo perdido y roto.

Esta es la gran aventura, el viaje de la fe. En este mundo azotado por las tormentas y las cicatrices del pecado, Dios invita a nuestras familias a llevar su luz a las personas, allí donde estén.

Capítulo Nueve

El Hogar Como Faro

Kevin

Y, si dijera: «Que me oculten las tinieblas; que la luz se haga noche en torno mío», ni las tinieblas serían oscuras para ti, y aun la noche sería clara como el día. ¡Lo mismo son para ti las tinieblas que la luz!

— *Salmos 139:11-12*

"Esta generación de cristianos es responsable de esta generación de almas en la tierra".

— *Keith Green*

Mientras Sherry y yo disfrutábamos de nuestra luna de miel en la península superior de Michigan, hubo una gran tormenta en nuestra casa de Pasadena, California.

Una rama enorme cayó de un árbol sobre el cable eléctrico que llevaba la electricidad a nuestro pequeño tríplex, y cuando Sherry y yo llegamos a casa, nos sorprendimos al descubrir que habíamos estado sin electricidad durante la mayor parte del tiempo que habíamos estado fuera. Todo lo que había en el congelador se había derretido. La comida del refrigerador se había estropeado. No fue el regalo de bienvenida que esperábamos.

Llamamos a la compañía eléctrica y nos dijeron que tardarían al menos una semana en llegar. Al parecer, estábamos al final de una larga lista de personas sin electricidad. Como recién casados optimistas, decidimos "sacar lo mejor de ello". Aún recuerdo a Sherry diciendo: "Será una aventura divertida. Será romántico. Podremos hacerlo todo a la luz de las velas".

Y tenía razón.

Al menos la primera noche.

Me desperté en medio de nuestra segunda noche sin electricidad con una fuerte necesidad de encontrar el baño. Estaba muy oscuro y no veía nada. Por alguna razón, no tenía linterna ni cerillas a mano. Intenté llegar al baño en la oscuridad.

Mala idea.

¿Has intentado alguna vez caminar en la más absoluta oscuridad? Con las luces encendidas, habría llegado al baño en unos siete segundos. Sin luz, me parecieron más bien siete minutos. En realidad, probablemente no tardé más de un minuto, pero fueron sesenta miserables segundos. Arrastré los pies por el suelo y agité los brazos delante de mí, asegurándome de que no había nada que pudiera golpearme en la nariz. Sabía que no había nada, pero en ausencia de la luz estaba actuando como si alguien hubiera entrado en mi casa mientras yo dormía y hubiera puesto al azar objetos peligrosos en mi habitación, obstáculos con los que seguramente me golpearía.

Aquella noche fui consciente de la importancia de la electricidad como nunca antes lo había sido. Damos por no prestar atención a la luz cuando la tenemos. Pero cuando se va, nos vamos tumbando. Nos vemos obligados a ir más despacio. Nos volvemos inseguros. Si no tenemos cuidado, tropezamos y caemos.

Recuerdo esa experiencia cada vez que pienso en la situación espiritual de los que caminan en la oscuridad, perdidos sin la salvación que Jesús les ofrece. A nuestro alrededor, hombres y mujeres, niñas y niños van arrastrando los pies por la vida, tratando de encontrar su camino. Y necesitan la luz de Jesús. A menudo, Dios utiliza a su pueblo para hacer brillar su luz, para ayudar a otros a ver de alguna manera pequeña pero significativa que Dios les ama, les perdona y tiene una dirección y un propósito para sus vidas.

HAZ TUYA LA DECLARACIÓN DE JESÚS

Antes de seguir adelante, debemos tener esto claro.

No es una sugerencia.

No se presenta como una opción para que reflexionemos y decidamos si queremos participar.

Ni siquiera es una palabra esperanzadora de aliento.

Cuando Jesús nos llama "luz", es una declaración directa. Esto es lo que dijo en Mateo 5:14-16: "Ustedes son la luz del mundo. Una ciudad en lo alto de una colina no puede esconderse. Ni se enciende una lámpara para cubrirla con un cajón. Por el contrario, se pone en la repisa para que alumbre a todos los que están en la casa.[16] Hagan brillar su luz delante de todos, para que ellos puedan ver las buenas obras de ustedes y alaben al Padre que está en el cielo."

Si eres seguidor de Jesús, entonces eres su luz en este mundo oscuro.

Suena casi irreverente y arrogante si realmente consideras decir estas palabras en voz alta. "Yo soy la luz del mundo". Inténtalo. Ahora mismo.

"Yo soy la luz del mundo".

Sé que la mayoría de las personas que leen este libro no han dicho esas palabras en voz alta. Así que se lo pediré una vez más. Deja tu libro, iPad o Kindle, o aléjate del ordenador durante treinta segundos. Respira hondo y dilo en voz alta varias veces: "¡Yo soy la luz del mundo!".

¿Sientes el peso de estas palabras? ¿Te resulta extraño apropiarse de estas palabras de Jesús? Tal vez recuerdes cuando Jesús se aplicó esta imagen a sí mismo en el evangelio de Juan, declarando: "Yo soy la luz del mundo. El que me sigue no caminará en tinieblas, sino que tendrá la luz de la vida"[1]. Quizá pienses: "¿Quién soy yo para decir esto? Jesús es la luz del mundo, no yo. Seguro que no lo decía en serio cuando dijo que yo también soy luz para la gente".

Déjame ayudarte a responder a esas preguntas que se agitan en tu corazón. Recuerda que eres hijo del Dios vivo por la fe en Jesús.[2] Eres su embajador en este mundo.[3] Eres la persona elegida de Dios por la obra de Jesús en la cruz.[4] Y Jesús fue muy claro cuando dijo: "Yo soy la luz del mundo". Jesús no miente. Cuando lo dijo, lo dijo en serio. Tú, junto con todos los que aman y siguen al Salvador, eres la luz de Dios. Créelo, declararlo y vívelo. Para hacer de nuestro hogar un lugar donde brille la luz necesitamos recibir estas palabras de Jesús con el corazón abierto. Entonces, ¿qué significa decir que tú y yo somos la luz del mundo?

EN UNA COLINA Y NUNCA DEBAJO DE UNA VASIJA

Como no crecí asistiendo a la iglesia, aprendí la mayoría de las canciones infantiles populares de la escuela dominical cuando ya era adulta, mientras mis hijos las aprendían. Y puedo recordar la primera vez que oí la canción "This Little Light of Mine" (Esta pequeña luz mía).

> Esta pequeña luz mía, voy a dejarla brillar
> Esta pequeña luz mía, voy a dejarla brillar
> Esta pequeña luz mía, voy a dejarla brillar
> Que brille, que brille, que brille
>
> Escóndela bajo un arbusto , ¡no! Voy a dejar que brille
> Escóndela bajo un arbusto , ¡no! Voy a dejar que brille
> Escóndela bajo un arbusto , ¡no! Voy a dejar que brille
> Que brille, que brille, que brille
>
> No dejaré que satanás la apague, la dejaré brillar.
> No dejaré que satanás la apague, la dejaré brillar.
> No dejaré que satanás la apague, la dejaré brillar.
> Deja que brille, deja que brille, deja que brille

Si has escuchado la canción antes, sabrás que es bastante alegre e incluye algunos movimientos de manos. Cuando los niños cantan la primera estrofa, agitan un dedo en el aire como una pequeña vela que brilla en la noche. En la segunda estrofa, se tapan el dedo con la otra mano y luego lo apartan rápidamente, gritando "¡No!".

Aunque la letra es muy sencilla, me encanta esta canción. Es un mensaje poderoso. Los niños que la cantan declaran que dejarán que la luz de Jesús brille a través de ellos pase lo que pase. La tercera estrofa es una afirmación de que no dejarán que satanás apague su luz; seguirán haciendo brillar el amor de Dios a los demás. Lamentablemente, la mayoría de nosotros acabamos escondiendo nuestra luz bajo un arbusto o una vasija, y los demás nunca la ven. Y como nos recuerda la canción, las fuerzas del infierno trabajan contra nuestros esfuerzos por dejar que la luz de Jesús brille en nuestras vidas. satanás hará todo lo posible para cubrir o apagar la luz que brilla en nuestros hogares.

Hay varias vasijas que satanás usa para cubrir nuestros hogares y evitar que "la luz de Jesús brille para otros". En particular, satanás trata de poner las vasijas de las cosas buenas, del miedo, de la desobediencia y de las cosas materiales sobre la luz para que no pueda brillar intensamente para los necesitados.

La Vasija de las cosas buenas

Las familias pueden fácilmente estar ocupadas haciendo muchas cosas buenas y olvidarse de lo más importante. Nada importa más que el evangelio de Jesús. Necesitamos entrenar nuestros corazones y mentes para enfocarnos en el ministerio que Dios quiere que hagamos justo donde vivimos.

Sherry y yo conocemos de primera mano la tentación de quedar atrapados en hacer muchas cosas buenas, ya que a menudo nos encontrábamos tan enredados en las actividades y relaciones de nuestra iglesia que nos quedaba poca energía para centrarnos en amar y pasar tiempo con nuestros vecinos. Fácilmente podíamos pasar todo nuestro tiempo involucrados en programas de la iglesia o saliendo con otros creyentes. Otras familias pueden invertir su tiempo en deportes, estudios académicos, artes y otras actividades buenas y valiosas, pero se involucran tanto en estas cosas que se olvidan de dejar brillar la luz de Jesús. Dedican una hora a Dios cada fin de semana, pero el resto de la semana lo llenan con las actividades y experiencias que nuestra cultura considera más importantes.

No estamos diciendo que haya algo naturalmente malo en las actividades de la iglesia, ir bien en la escuela, estar en un equipo deportivo, tocar un instrumento o tener un pasatiempo que te guste. Todas estas son cosas buenas, e incluso pueden ser utilizadas eficazmente para hacer brillar la luz de Dios a los demás. Más a menudo, sin embargo, las cosas buenas que amamos hacer pueden demandar tanto de nuestro tiempo, energía, y enfoque que se convierten en una vasija sobre la luz de Jesús en nuestra vida. Nos comprometemos tanto con estas actividades que llenan nuestra agenda y no dedicamos tiempo a dejar brillar la luz de Jesús.

La Vasija del Miedo

Otra vasija común que esconde la luz de Jesús en nuestras vidas y en nuestros hogares es el miedo. Los padres a menudo temen que sus hijos sean influenciados por el mundo, así que los mantienen alejados de aquellos que más necesitan la gracia de Jesús. Los padres intentan proteger a sus hijos de ciertos chicos de su comunidad, de los que parecen confundidos y peligrosos. Permiten que sus hijos jueguen o salgan sólo con los "buenos chicos de la iglesia". Inscriben a sus hijos en clubes cristianos y ligas deportivas de la iglesia para que no sean influenciados por niños mundanos.

Para que quede claro, no estamos sugiriendo que los padres lancen a sus hijos a situaciones peligrosas para que puedan ser testigos cristianos. Reconocemos la necesidad de proteger a nuestros hijos. Sin embargo, tenemos que estar abiertos a las formas en que Dios quiere usar a nuestras familias para llegar a otros niños y a sus padres. Debemos estar abiertos a tener familias no creyentes en nuestros hogares. Podemos permitir que nuestros hijos estén en equipos deportivos de la comunidad y en clubes con niños que no conocen a Jesús. Esto les permite aprender lo que es dejar que la luz de Dios brille en ellos y a través de ellos. Como seguidores de Jesús, tanto los padres como los hijos están llamados a contar el coste y a sacrificarse por el evangelio. Al mismo tiempo, los padres estamos llamados a proteger y cuidar a nuestros hijos. Es necesario un equilibrio.

Cuando llegó el momento de que nuestro primer hijo empezara la escuela, oramos sobre nuestras opciones. ¿Lo educaremos en casa, lo enviaremos a una escuela concertada, lo apuntaremos a la escuela cristiana local o lo llevamos a la escuela pública? Después de orar, decidimos que Zach asistiera a la escuela pública local. De hecho, nuestros tres hijos pasaron por la escuela primaria y secundaria públicas. Encontramos que había innumerables oportunidades para nuestros hijos, y para nosotros como sus padres, para ministrar en las escuelas públicas y dejar que nuestra luz brille allí. Las escuelas públicas de nuestra zona eran relativamente seguras, aunque bastante seculares en muchos aspectos. No estamos recomendando que todos hagan lo que nosotros hicimos. Creemos que Dios puede guiar a los padres hacia cualquiera de las cuatro opciones de escuelas mencionadas anteriormente. Sea como sea que elijamos educar a nuestros hijos, lo que importa es que lo decidamos después de orar y que nos aseguremos de que la vida de nuestros hijos se cruza de forma significativa con la de los niños no creyentes de nuestra comunidad. No podemos permitir que el miedo se convierta en una vasija que cubra la luz que Dios quiere que brille a través de nuestras familias.

La Vasija de la desobediencia

A veces hacemos muy poco evangelismo en nuestra comunidad y no dejamos que nuestra luz brille porque hay un área de desobediencia en nuestro corazón. Cuando el pecado controla un área de nuestra vida o se convierte en una parte aceptada de nuestra vida juntos como familia, oculta la luz de Jesús. La Biblia es clara al decir que todos somos pecadores.[5] Cada hogar y cada miembro de la familia lucha con el pecado. Todos hacemos las mismas cosas que sabemos que no debemos hacer.[6] Pero hay una diferencia entre luchar para resistir el pecado a través del poder del evangelio y permitir que las costumbres pecaminosas gobiernen en nuestros hogares y vidas. Cuando permitimos que estas costumbres de desobediencia nos controlen ya no brillan como un faro del amor y la luz de Dios para los demás.

La Vasija de las cosas materiales

Nuestra cultura es patológicamente materialista. El amor al dinero y el deseo de acumular cosas es un pasatiempo nacional. Jesús sabía que ésta sería una tentación para los creyentes de cada generación, y nos advirtió que no es posible dedicar nuestras vidas a amar el dinero y las posesiones materiales y amar apasionadamente a Dios al mismo tiempo.[7] Si el éxito material y la acumulación de cosas dirigen nuestra vida, la luz de Jesús será sofocada por nuestras posesiones. Podríamos volvernos posesivos o protectores, temerosos de permitir que los niños del vecino entren a nuestra casa porque podrían ensuciar nuestras cosas. Si nuestros corazones no están seguros en el amor de Dios, el deseo de cosas materiales puede convertirse en un ídolo para nosotros, y compartir el amor y la gracia de Jesús ya no es nuestra mayor pasión.

DEJAR QUE BRILLE

¿Cómo puede Dios hacer brillar su luz en tu hogar y en tu familia? ¿Qué podemos hacer para derribar las vasijas, salir de debajo de los arbustos y evitar que satanás apague la luz? ¿Cómo podemos brillar de verdad?

Una de las primeras formas de hacer brillar nuestra luz es viviendo de una manera notablemente diferente a la de los que nos rodean. Los vecinos nos observan. Se dan cuenta de nuestras acciones, actitudes y motivos. Y Jesús nos dice que la gente verá nuestras buenas obras. Cuando vean ejemplos consistentes de una vida correcta en nuestras relaciones familiares, reconocerán que algo es diferente y tendrán que reconocer que Dios está obrando. No se trata de ser perfecto. Simplemente buscamos seguir la palabra de Dios, hacer lo que es correcto, reconocer cuando fallamos, y darle la gloria a Jesús.

El profeta Miqueas del Antiguo Testamento nos da un resumen útil de lo que Dios quiere ver en la vida de su pueblo redimido: "Él te ha mostrado, oh mortal, lo que es bueno. ¿Y qué exige el Señor de ti? Que actúes con justicia, que ames la misericordia y que camines humildemente con tu Dios".[8] Debemos procurar actuar con integridad, ser compasivos cuando vemos que otros fallan y ser conocidos como personas humildes, que aman a Dios y confían en él.

La luz de Jesús brilla cuando somos humildes y transparentes sobre nuestros defectos. Esto significa que somos honestos acerca de nuestras luchas. No debemos esconder nuestros pecados y luchas o pretender que lo tenemos todo resuelto. Admitan que sus hijos no son ángeles, que si cometen errores como padres. Nunca se presenten lo mejor de lo que son. La Biblia llama a esto hipocresía. En lugar de eso, admitan cuando se equivocan, confiesen si han sido injustos y hablen libremente de que son pecadores salvados por la gracia. La humildad te hará más accesible y te dará innumerables oportunidades para señalar a Jesús como el que es perfecto, sin pecado y digno de alabanza.

Además, sé una persona de paz. Mucha gente ve a los creyentes como personas enojonas y criticonas que siempre están en guerra por algo. Los creyentes luchan contra la comunidad, las escuelas y sus vecinos. Les encanta las peticiones y a menudo se les conoce más por todo aquello contra lo que están que por lo que están a favor. Y aunque hay ocasiones en las que los seguidores de Jesús tienen que adoptar una postura y mantenerse firmes, en general, deberíamos ser más conocidos por lo bien que nos relacionamos con los demás y por cómo amamos a la gente que nos rodea. Jesús lo indicó cuando pronunció la bendición de Dios sobre los que buscan la paz, diciendo: "Bienaventurados los que hacen la paz, porque ellos serán llamados hijos de Dios".[9] La paz es también uno de los frutos del Espíritu,[10] y cuando abrazamos la paz que viene de saber que Dios nos ha perdonado y nos ha hecho personas nuevas, la luz de Cristo brilla con más intensidad.

NO TODO EL MUNDO QUIERE LUZ

Al convertir tu hogar en un faro, muchas personas se sentirán atraídas por tu casa y tu familia. Los padres no creyentes querrán que tus hijos estén cerca de los suyos porque tienen una buena influencia sobre ellos. La gente vendrá a tu casa para orar, para ser atendidos y para recibir el amor generoso de Dios. Algunos ni siquiera sabrán por qué se sienten atraídos por tu familia.

Pero a otros no les gustará que tu hogar brille tanto. Jesús dejó claro que no todos los que viven en la oscuridad quieren que la luz brille en sus vidas: "Este es el veredicto: La luz vino al mundo, pero la gente prefirió las tinieblas a la luz, porque sus obras eran malas"[11]. Tenemos que estar preparados para la oposición, conscientes de que no todo el mundo verá con buenos ojos nuestros esfuerzos por llevar el amor, la alegría, la paz y la gracia de Jesús a nuestros barrios. Algunos se opondrán. ¿Por qué? Porque la luz de Jesús que emana de tu casa hará que tus pecados sean más evidentes. Cada hogar faro recibirá críticas mixtas. Gracias a Dios que la gente es atraída y bendecida por la luz de Jesús. Cuando algunos se resisten a la luz, recuerda que cuando Jesús caminó en esta tierra, no todos lo abrazaron con deleite.

Jesús dijo: "Yo soy la luz del mundo", ¡y lo es! Jesús también dijo: "Tú eres la luz del mundo", ¡y lo eres! Jesús es luz en su propio ser. Su luz nunca deja de brillar. Todo lo que es bueno, maravilloso y bello—todo lo que es digno de alabanza o adoración—se origina en él.

Nosotros, en cambio, brillamos con una luz prestada. Dios nos acepta no por la luz de nuestras vidas, sino por la vida llena de luz de su hijo, Jesús. Cuando nos acercamos a Dios, pidiéndole perdón por nuestro pecado contra él, Jesús empieza a vivir en nosotros y a brillar su luz a través de nosotros por el poder del Espíritu de Dios. Aunque la luz de Dios está presente en nuestras vidas, puede ser cubierta con una vasija, y debemos cuidarnos de esto. Tenemos que asegurarnos de que cuando la gente vea las cosas que hacemos o reciba bendiciones a través de nuestras vidas, alaben a Dios. Después de todo, es la luz de Dios la que les ayuda a ver, no la nuestra. Jesús es realmente la luz del mundo, y quienes le seguimos podemos decir: "Yo soy la luz del mundo". Que nuestros hogares se conviertan en faros donde la presencia iluminadora de Jesús sea vista y experimentada.

JARDINERÍA ORGÁNICA

PREPARACIÓN DEL SUELO

Eliminación de vasijas. Considera si alguna de las vasijas mencionadas en este capítulo está cubriendo la luz que Dios quiere que brille en tu hogar y en tu familia. Si tú identificas una vasija, habla con los miembros de tú familia sobre un paso que tú puedes tomar para quitar esta vasija y permitir que la luz de Jesús brille.

ESPARCIENDO SEMILLAS

Dilo en voz alta. Durante la próxima semana, prueba algo nuevo al levantarte cada mañana. Di estas palabras en voz alta "¡Yo soy la luz del mundo!". Ora sobre esto. Pide a Jesús que brille en ti y a través de ti. Hazle saber a Dios que estás dispuesto a reflejar su hermosa luz donde quiera que vayas a lo largo del día.

REGAR CON LA ORACIÓN

Lista de oración familiar. Hablen en familia sobre las veces que han estado en un lugar muy oscuro (literalmente) y cómo se sintieron. Tal vez les dio miedo. Tal vez causó inseguridad o incertidumbre. Puede que fuera peligroso. A continuación, hablen de las personas que les importan y que viven en la oscuridad espiritual sin Jesús. Pueden ser familiares, vecinos, amigos o personas de tu comunidad. Habla de cómo se pueden estar sintiendo al caminar por la vida sin la luz de Dios brillando en su camino. Por último, haz una lista de estas personas y empieza a orar por ellas en las comidas, antes de acostarte, mientras conduces por tu barrio y en cualquier otro momento en el que oren juntos. Si no oras en familia, que ésta sea tu plataforma de lanzamiento en esta nueva práctica.

Capítulo Diez

El Espíritu y la Atmósfera de Tu Hogar

Kevin

Dichosos los que saben aclamarte, Señor, y caminan a la luz de tu presencia; los que todo el día se alegran en tu nombre y se regocijan en tu justicia.

— *Salmos 89:15 - 16*

"No es que Dios tenga una misión para su iglesia en el mundo, sino que Dios tiene una iglesia para su misión en el mundo."

— *Anónimo*

L as tormentas azotan nuestro mundo. Las noticias presentan imágenes estremecedoras de guerras, asesinatos, inestabilidad económica, agitación política y una larga lista de dolor humano. Tenemos la tentación de cerrar las persianas, ponerle llave y esperar a que pase la tormenta. Por desgracia, este huracán de pecado y depravación humana no terminará hasta que Jesús regrese.

Nuestros hogares deben ser un refugio seguro para nuestras familias, pero también deben ser un refugio para las personas que están sumidas en el pecado. Cuando la luz de Jesús brilla desde tu hogar hacia el mundo, la gente perdida y lastimada serán atraídas, y cuando les abras tu hogar, el dolor y la maldad del mundo soplarán como una tormenta. Si tu casa va a ser un faro, tienes que estar preparado: ¡las cosas se pondrán feas! La buena noticia es que mientras amas y sirves a la gente en su dolor y quebrantamiento, el poder de Dios te llenará para el ministerio. La presencia del Espíritu Santo y la gracia de Jesús sanarán y transformarán las vidas de las personas perdidas, heridas y errantes.

Una vez recibimos una llamada de la madre de un adolescente al que habíamos estado visitando. Frustrada y triste, nos dijo que se dirigía a la comisaría para recoger a su hijo una vez más. Entonces nos preguntó: "¿Puedo traerlo para que pasen un rato hablando con él?". ¿Qué se puede decir en un momento así?

En otra ocasión, estaba hablando con una mujer que tenía problemas emocionales. De repente, me preguntó: "Kevin, cuando me muera, ¿harás mi funeral?". Me sentí incómodo. ¿Qué me está preguntando y por qué me lo pregunta ahora? ¿A qué me estoy comprometiendo realmente? Una vez, después de que un grupo de adolescentes se marchara de casa, encontramos un trozo de pornografía metido entre los cojines del sofá. ¿Cómo responder?

Algunas personas a las que hemos intentado amar y servir se alejaron de nosotros cuando compartieron sus luchas y secretos. Una madre se enfadó con nosotros porque no le gustó el consejo que le dimos cuando nos pidió consejo para tratar con un hijo rebelde. La lista podría seguir y seguir. Convertir nuestro hogar en un faro de la gracia sanadora de Dios ha exigido más de lo que jamás imaginamos. Y al abrir nuestros corazones para dejar que la luz de Dios brille, las tormentas del pecado en las vidas de personas heridas han entrado en nuestro hogar.

Sherry y yo hemos abierto nuestros brazos a nuestra comunidad durante casi tres décadas. Hemos sentido los vientos amargos y la lluvia torrencial de las tormentas del mundo soplando en nuestra casa, pero también hemos sentido el poder sostenedor del Espíritu Santo entrar como un poderoso viento. Por la gracia de Dios, hemos visto cómo personas quebrantadas son sanadas, matrimonios fortalecidos, personas errantes dirigidas y personas perdidas encontradas por la gracia de Jesús.

A través del desorden, se ha revelado la majestuosidad de Dios. En las tormentas, el Espíritu de Dios nos ha sostenido. A veces ha sido aterrador, pero también muy emocionante. Hemos pedido a Dios sabiduría, fuerza, protección y recursos que no teníamos. Y en todos los casos, Dios ha aparecido y se ha mostrado fiel.

Cuando recién nos casamos, no sabíamos si alguna vez tendríamos una casa propia. Sherry oraba para que si Dios nos daba una casa, la usáramos para su gloria. Un día, sintió que el Espíritu le preguntaba: "¿Qué quieres en una casa?". Así que Sherry pidió a Dios tres cosas:

(1) un lugar con espacio para invitar a otros a entrar, (2) una casa de medios moderados, bonita pero no tanto como para que la gente se sintiera incómoda, y (3) una zona en la que nuestra familia se sintiera segura. Dios respondió a esa oración. Cuando nos mudamos a Michigan, Dios nos proporcionó una casa que satisfacía exactamente esas tres necesidades. Esta casa en el pequeño pueblo de Byron Center se convirtió en un centro de ministerio y un lugar donde Dios tocó muchas vidas. Cuando nos mudamos a California, oramos de nuevo, y una vez más Dios nos proporcionó una casa donde podemos ministrar a las necesidades de los demás. Estamos agradecidos de que nuestros hogares han sido un faro, incluso con todos los desafíos que hemos enfrentado. Al mirar hacia el futuro, sabemos que dondequiera que vivamos, queremos seguir siendo un hogar faro para nuestros vecinos y para nuestra comunidad. No hay mejor manera de vivir.

Creemos que Dios quiere que cada uno de nosotros utilice su hogar como lugar de servicio para gloria de Jesús. La mayoría de la gente piensa en su hogar como un retiro del mundo, y nuestros hogares deben ser lugares de descanso. Pero nuestros hogares también deben ser centros de misión, lugares que Dios puede usar para llegar a nuestras comunidades y vecindarios. Esto significa que nuestros hogares deben ser lugares acogedores. Para que lo sean, debemos tener en cuenta tanto la atmósfera del hogar como la forma en que utilizamos el espacio físico.

LA ATMÓSFERA DE TU HOGAR

El amor de Dios es la base y el fundamento de un hogar faro. El amor debe estar siempre presente si queremos capear las tormentas fuera y dentro de nuestro hogar.[1] Lamentablemente, algunos creyentes se confunden con el tema de amar al mundo. En la primera carta de Juan leemos esta exhortación: "No amen al mundo ni nada de lo que hay en él. Si alguien ama al mundo, no tiene el amor del Padre. Porque nada de lo que hay en el mundo —los malos deseos del cuerpo, la codicia de los ojos y la arrogancia de la vida— proviene del Padre, sino del mundo. El mundo se acaba con sus malos deseos, pero el que hace la voluntad de Dios permanece para siempre"[2].

El pasaje llama a los creyentes a abstenerse de amar al mundo o cualquier cosa que haya en él. Algunos podrían interpretar esto como que debemos cerrar nuestras puertas y negarnos a recibir a "gente del mundo". Pero luego leemos algo que suena muy diferente en el evangelio de Juan: "Porque tanto amó Dios al mundo que le dio a su hijo unigénito, para que todo el que crea en él no perezca, sino que tenga vida eterna".[3]

Entonces, ¿de qué se trata? ¿Nos enseña la Biblia que Dios ama al mundo, pero nosotros no? La respuesta es sí y no. En su carta, Juan nos advierte que nos abstengamos de enamorarnos de los sistemas pecaminosos y las seducciones del mundo. Nunca se nos dice que dejemos de amar a la gente del mundo. En su evangelio, Juan nos recuerda que Dios ama al mundo. Dios ama a la gente pecadora, rota y herida, y nos llama a amar a esa gente del mundo, pero no a las tentaciones pecaminosas que el mundo ofrece. Como seguidores de Jesús, se espera que amemos a Dios con pasión y devoción.[4] Debemos amar a los creyentes de la familia de Dios y mostrarles gracia y compasión.[5] Además, Dios quiere que amemos a los que son como ovejas descarriadas y necesitan conocer el amor y la gracia del Buen Pastor.[6] La gente se sentirá atraída por la presencia de Dios cuando este tipo de amor llene nuestros corazones y nuestros hogares.

Amar humildemente a las personas quebrantadas

¿Por dónde empezamos? ¿Cómo creamos una atmósfera en nuestro hogar que comunique amor por las personas pecadoras y rotas? Empezamos aceptando humildemente que no tenemos todas las respuestas a los problemas que afrontan las personas. No somos perfectos. Como creyentes, tenemos luchas, dolor y angustia como todos los demás. Nuestros hogares son más atractivos para los que están lejos de Dios cuando nos damos cuenta de ello y lo admitimos abiertamente. Los incrédulos se alejarán inmediatamente de la pestilencia de la hipocresía, pero se sentirán atraídos por la fragancia de la humildad.

Una vecina se sentó una vez a hablar con Sherry sobre cómo ser mejor madre. La mujer era muy amable y dijo palabras de afirmación sobre cómo Sherry estaba criando a nuestros hijos. Tenía un profundo deseo de ser una gran madre y pidió consejos a Sherry. La primera respuesta de Sherry no fue darle una lista de consejos de crianza, como si de alguna manera hubiéramos descubierto el secreto para criar hijos perfectos y obedientes. En cambio, Sherry admitió que no tenemos lo que se necesita para criar a nuestros hijos cómo deberíamos, que rápidamente llegamos al final de nuestras capacidades y necesitamos clamar a Dios por fuerza y poder para continuar. Mi mujer me contó que cada día busca la ayuda de Dios para criar a nuestros hijos y que la sabiduría de la Biblia la guía en cada torcedura y vuelta del camino de la paternidad.

Nuestra vecina estaba muy sorprendida. Había dado por sentado que Sherry lo tenía todo planeado, que era una experta en criar buenos hijos. Pero lejos de sentirse decepcionada por lo que Sherry le contó, nuestra vecina se sintió más cercana a ella cuando se dio cuenta de que Sherry también luchaba y necesitaba ayuda. Oyó una confesión de necesidad y dependencia de que, como padres, busquemos ayuda en Dios, en su palabra y en su pueblo. Y ella se sintió inspirada a mirar también a Dios. Después de su conversación, Sherry oró con nuestra vecina mientras ella volvía a comprometer su vida con Jesús y comenzaba una nueva temporada de caminar con él.

Sherry continuó compartiendo algunos consejos prácticos y ayudándola con los desafíos de la crianza de los hijos. Pero estaba claro para ambas que estas ideas no eran de Sherry; estaban basadas en la verdad de la palabra de Dios. La humildad honesta ayuda a la gente a ver que no somos la respuesta a sus necesidades, que nosotros también dependemos de Jesús y buscamos su ayuda, confiando en su provisión y bondad.

Compartir la sabiduría de Dios

La sabiduría llega cuando comprendemos el plan de Dios para la vida y lo seguimos. Una persona sabia mira la palabra de Dios y escucha la voz apacible y bajita del Espíritu Santo.[7] Vivimos en un mundo hambriento de sabiduría, lleno de personas que anhelan dirección, claridad y verdad, y a menudo hemos visto oportunidades para llevar sabiduría piadosa a las familias de nuestra comunidad. A medida que las computadoras personales se hacían más comunes en los hogares, oíamos a los padres hablar de Internet, de las posibles trampas de la pornografía y de otros peligros que conlleva pasar tiempo en línea. Aunque muchas de nuestras conversaciones fueron con padres creyentes, algunas fueron con aquellos que todavía estaban en búsqueda espiritual. Necesitaban ayuda para criar a sus hijos, pero no sabían a quién acudir en busca de un consejo sabio.

Estas preguntas y preocupaciones nos dieron la oportunidad de compartir algo de sabiduría bíblica sobre la pureza. Todos los padres con los que hablamos tenían un deseo común: querían que sus hijos mantuvieran puros sus corazones, mentes y cuerpos. Esto era cierto incluso para aquellos que no abrazaban la fe cristiana. Sherry y yo les animamos y les dimos algunas sugerencias prácticas para evitar la tentación y vivir con pureza. Hablamos de algunas de las maneras en las que habíamos aplicado la sabiduría de Dios en este tema: utilizando controles parentales y programas de información (que eran muy nuevos en aquella época) y eligiendo el mejor lugar de la casa para colocar una computadora. Les compartimos que ninguno de nuestros hijos tenía computadoras en sus habitaciones con la puerta cerrada. Una familia, cuya computadora estaba en una esquina del sótano, un lugar donde el uso del Internet era difícil de supervisar, me pidió que fuera a ayudarles a trasladar su computadora a la sala. Les ayudé a instalar controles parentales y tuvimos una gran conversación sobre cómo proteger a los niños de las tentaciones del mundo.

A lo largo de los años, hemos tenido muchas conversaciones como ésta con nuestros vecinos. Ayudamos a la gente a aplicar la sabiduría bíblica a la crianza de sus hijos, les dimos consejos acerca sobre las citas de relaciones, les ayudamos a guiarlos en sus finanzas familiares, les ayudamos a resolver conflictos matrimoniales, ministramos a personas en proceso de divorcio y les dimos consejos prácticos sobre cómo disciplinar a los niños y establecer normas familiares. Nos dimos cuenta de que la gente a nuestro alrededor buscaba orientación. A menudo se sentían atraídos por la luz de Dios en nuestro hogar y nos hacían preguntas. Buscaban sabiduría para sus propias vidas.

Comunicar calidez y amabilidad

Una de las formas más prácticas de crear una atmósfera que comunique amor a la gente es simplemente tratarla con calidez y amabilidad. Sonríe, ríe y da la bienvenida a la gente cuando venga a visitarte. Tu casa debe ser un lugar cálido y acogedor. Aún podemos imaginar las caras de los muchos niños y adolescentes que han entrado por las puertas de nuestras casas a lo largo de los años. Les veíamos relajarse, empezar a sonreír y encontrar la alegría una vez dentro. A menudo, entraban con "una pesadez en el corazón que los cubría y los arrastraba como una colcha mojada". Pero una vez en nuestra casa, ellos se relajaban y sus corazones parecían ablandarse. Simplemente mostrándoles amabilidad y transmitiéndoles calidez con una sonrisa de bienvenida, conseguimos aliviar parte de la pesadez de sus corazones.

Además, practicamos hospitalidad. Organizamos fiestas al final de las temporadas deportivas, cumpleaños, Navidad, el 4 de julio, graduaciones y cualquier otro motivo que encontráramos. Sherry aprovechaba el tiempo de preparación para orar por las personas que iban a asistir, orando en silencio por nuestros invitados mientras pelaba las papas o limpiaba el suelo de la cocina. Recuerdo cuando pudimos invitar a un entrenador a nuestra iglesia durante una de estas fiestas. Empezó a asistir, y no pasó mucho tiempo cuando lo vimos ayudando en nuestro ministerio juvenil.

Nuestros vecinos también se sumaron a esto, y todos trabajamos juntos para planificar fiestas comunitarias. Tuvimos cenas progresivas con grupos de nuestros vecinos, y estos fueron momentos significativos de conectar y unirnos. Lo importante es recordar que estas celebraciones no tienen porqué ser lujosas y caras, aunque a veces pueden serlo. Basta con invitar a la gente, pasarlo bien y celebrar la vida. Cuando nuestros hogares tienen fama de ser lugares de fiesta, diversión y festividad, eso dice algo sobre quiénes somos como creyentes y sobre el Dios al que adoramos. Como mínimo, se demuestra a los no creyentes que sabemos divertirnos.

UNA PUERTA ABIERTA
Zach Harney

Crecer en nuestra casa era como tener una gran familia extendida por todo el mundo. Mientras que la mayoría de las familias sólo reciben visitas cuando vienen parientes a la ciudad, nuestra casa estaba constantemente llena de gente nueva. Rara vez se quedaban más de un par de días, lo que a veces era un alivio y otras veces muy triste. Siempre era interesante. Si algo había que decir de nuestra casa era que era acogedora. Mi madre siempre hacía que los huéspedes se sintieran tan cómodos como si estuvieran en su propia casa, y era una alegría oír a la gente decir que realmente podían relajarse y rejuvenecer mientras estaban con nosotros. Esto era cierto no sólo para los amigos y vecinos locales, sino también para los que venían de todo el país y del mundo.

Como niños, tener caras nuevas en casa se convirtió en algo normal. La variedad de personas era asombrosa, y estoy absolutamente seguro de que el contacto con individuos tan diversos me ayudó a convertirme en la persona que soy hoy. Recuerdo a un líder de alto nivel y misionero de Sri Lanka llamado Ajith Fernando, que se sentó conmigo y me ayudó con mis deberes de religiones comparativas para la escuela. Nunca olvidaré la vez que pude invitar a un grupo de amigos futbolistas a hablar con Ricky Bolden, ex jugador de los Cleveland Browns, cuando estuvo en nuestra casa. Lo más importante, sin embargo, es que siempre me formarán los muchos pastores, misioneros y amigos creyentes que compartieron historias de sus propios caminos con Cristo y oraron con nuestra familia.

La pregunta sigue siendo: ¿cómo se fomenta y se mantuvo este ambiente? Aunque hay muchos factores diferentes que probablemente contribuyeron a este ambiente, creo que realmente se reduce a una simple verdad: Se sentían cómodos en nuestra casa. Nunca tratamos nuestra casa como un museo inmaculado. No imponemos a los invitados a rituales o normas familiares absurdas. Nunca esperábamos que la gente conociera comportamientos asumidos o se adaptara a nuestra cultura. Sin embargo, siempre les invitamos a formar parte de nuestra familia y les brindamos todo el amor que recibían. Creo que esto es lo que convirtió nuestro hogar en el lugar cálido y acogedor que era para todos los que entraban por la puerta.

Si la gente se siente en un lugar estéril y poco acogedor, probablemente no volverían. Si se sienten condenados al ostracismo por extraños rituales que no se explican, no se sentirán como en casa. Por último, si se espera que las personas cambien en un instante y abandonen todo lo que conocen, huirán y no mirarán atrás. Sin embargo, si se aceptan a las personas y si las recibes tal como son, con amor y un ambiente cálido, estarán en un lugar perfecto para experimentar el amor de Dios. Será un lugar donde realmente desearan invitar a otros. Y lo que es más importante, será un lugar que manifieste el amor de Cristo, que es exactamente lo que los creyentes estamos llamados a hacer (Juan 13:35).

EL ESPACIO FÍSICO DE TU HOGAR

El espacio físico de tu hogar importa. ¿Por qué? Porque el entorno en el que pasas tiempo con la gente también ayuda a crear una atmósfera acogedora. Un espacio de cualquier tamaño puede resultar acogedor: ¡sólo hace falta un poco de creatividad!

Limpio y cómodo

Durante los dos primeros años de nuestro matrimonio, no teníamos dinero. Vivíamos en un pequeño y estrecho tríplex en una zona muy dura de Pasadena. El dúplex de al lado había sido incendiado y destruido. Siempre había tres o cuatro carros descompuestos junto a la casa. Nuestro vecino, un tipo muy dulce, pasaba la mayor parte del tiempo en el patio delantero bebiendo vino barato y sentado en un viejo balde de pintura, charlando con la gente que pasaba por allí. Podríamos habernos sentido avergonzados y haber evitado invitar a la gente. En lugar de eso, decidimos limpiar la casa. Hicimos algunas obras en el patio (que estaba lleno de tierra) y convertimos nuestra pequeña casa en un espacio lo más acogedor posible. Tuvimos mucha gente en nuestra casa, y Dios hizo un gran ministerio allí. No se veía tan impresionante, pero era un faro. Y cuando nos mudamos a unos apartamentos y luego a una casa parroquial, tuvimos la misma mentalidad. Intentamos mantener todo lo limpio y cómodo que pudimos. Buscamos formas creativas de mantener el espacio ordenado y hacerlo propicio para la compañía.

Espacio estratégico

Cuando compramos nuestra primera casa, queríamos un lugar limpio, agradable y acogedor, pero no tan agradable que la gente se sintiera incómoda. Elegimos un estilo y un color de alfombra que disimulara las manchas de suciedad porque, con tres niños y sus amigos (y los inviernos de Michigan), no queríamos estar preocupándonos constantemente de que la gente se quitara los zapatos. Diseñamos nuestro patio para que fuera acogedor para los niños. Pusimos una piscina elevada, un trampolín (excavado a ras del suelo y con una canasta de baloncesto ajustable al lado para los concursos de canasteras), columpios e incluso un lugar para que los niños patinaran. Teníamos normas estrictas para el uso de estas zonas, pero nuestro objetivo era hacer de nuestra casa un lugar al que los niños quisieran venir. Irónicamente, el único accidente que hemos tenido en nuestro jardín ocurrió cuando uno de los amigos de nuestros hijos contestó a la llamada de su madre mientras estaba saltando del trampolín. Se cayó y se torció el tobillo, pero al menos pudo decirle a su madre que estaba bien.

Cuando compramos nuestra casa, no podíamos económicamente terminar el sótano, así que lo limpiamos y lo convertimos en un lugar donde los niños podían jugar al hockey en el interior. Ya después con el tiempo pudimos económicamente terminar el sótano y lo diseñamos para tener grandes grupos de niños. Pusimos una nevera y un lugar para los aperitivos e implantamos una política de "sírvase usted mismo" para los jóvenes que vinieran. Un refrigerador lleno de bebidas de variedades y muchas golosinas siempre es una buena forma de hacer que los niños se sientan como en casa. Cualquiera que viniera a casa sabía que tenía acceso total a todo lo que hubiera en el refrigerador del sótano y en la alacena de comida. Si no tienes sótano, también puedes utilizar el garaje. La clave está en pensar creativamente en utilizar el espacio para evangelizar, no sólo para tus actividades familiares.

Mucho que compartir

La madre de mi padre, una de las únicas personas en mi familia que tenía una relación con Jesús, siempre invitaba a gente a cenar a su casa. La abuela era famosa por preparar una cena para seis personas y luego alargarla milagrosamente para alimentar a doce cuando los invitados aparecían de improviso. Aprendí de su ejemplo que se puede hacer brillar la luz de Dios simplemente haciendo saber a la gente que uno tiene mucho que compartir. Incluso cuando pasamos apuros económicos durante varios años, siempre tuvimos como prioridad compartir con los que venían a nuestra casa.

Una forma práctica de prepararse para la hospitalidad espontánea es llenarse de provisiones de comida que se puedan preparar fácilmente. Nos dimos cuenta de que a los amigos de nuestros hijos les encantaba quedarse a pasar la noche. A veces, un grupo de chicos entre tres a diez se quedaban a dormir al último momento, pero Sherry siempre estaba dispuesta a prepararles muchos panqueques como pudieran comer por la mañana. Se preparaba para momentos así encontrando cajas de mezcla para panqueques y botellas de miel a un dólar cada una en Aldi, y tenía una reserva preparada por si tenía que alimentar a las masas. También compramos refrescos genéricos de dos litros y los guardamos en el refrigerador del sótano. Cuando había papas fritas de oferta, Sherry compraba más. Intentábamos tener siempre a mano alimentos para una o dos comidas económicas, por si acaso nos faltaba. Incluso teníamos una lista en nuestro presupuesto familiar para la comida del ministerio. Lo convertimos en una prioridad y, como estábamos preparados, ser hospitalarios se convirtió en algo más natural y orgánico para nosotros. No nos preocupaba tanto de que la gente se quedara a dormir o que invitáramos a la gente a comidas de última hora. Cuando la gente estaba en nuestra casa, podríamos ser generosos.

Pagar el Precio

Abrir la casa de esta manera siempre se tiene que pagar el precio. Tener grandes grupos de chicos que se quedan a pasar la noche, organizar fiestas con treinta estudiantes de secundaria y tener estudiantes de bachillerato que vienen a diferentes horas, se puede suponer que es un gran desgaste para la casa. Nosotros lo aprendimos pronto, ¡y a menudo! Justo después de terminar el sótano, nuestros hijos y algunos de sus amigos jugaron con unas pistolas de "airsoft" que disparan pequeñas bolas de plástico. Dejamos que nuestros hijos jugaran con ellas en el sótano durante los meses de invierno, y cuando sus amigos se dieron cuenta quisieron traer las suyas. No nos dimos cuenta hasta después de que se fueron de que uno de los chicos tenía una pistola más nueva que disparaba como una ametralladora y dejó cientos de marcas hondas en nuestros paneles nuevos de yeso, en las molduras de madera y en los armarios. ¿Cómo responderías? Obviamente, nos aseguramos de que no volvieran a jugar a este juego en casa. Pero eso fue todo lo que hicimos. Decidimos vivir con los paneles de yeso marcados y la madera marcada, y lo platicamos como parte de pagar el precio del ministerio. Afortunadamente, sólo se notaba si se miraba muy de cerca. A lo largo de los años, hemos pagado las reparaciones del vinilo de nuestra piscina, hemos arreglado ventanas quebradas, hemos sustituido la alfombra antes de lo previsto y hemos hecho muchas otras reparaciones. Todo esto no es más que una parte natural y normal de ser un faro. Y aunque los costos financieros se han ido sumando con el tiempo, las historias de vidas cambiadas han tenido un valor mucho mayor. Ha valido la pena.

UN CAMINO NO SIEMPRE ES FÁCIL

He enseñado a hacer snowboard a mis hijos, a varios amigos y a varios internos de la iglesia. Siempre les digo que si van a aprender a hacer snowboard, "pagarán el precio". Les explico que se caerán muchas, muchas veces mientras aprenden y que esas caídas les dolerá. Si quieres aprender a deslizarte por una colina nevada sobre una tabla, pasarás tiempo en el suelo. Nadie aprende a hacer snowboard sin algunos golpes y moretones.

Las tormentas en nuestro mundo son cada vez más fuertes. Cuando transformes tu casa en un espacio acogedor que desprende una atmósfera cálida y acogedora que refleje la presencia amorosa de Dios, debes saber que tienes que estar preparado. Así que prepárate. Cuando abras las ventanas y las puertas durante una tormenta, entrarán muchos escombros. Sin embargo, aunque esto cree desorden, la gracia de Dios puede traer calma a la tormenta. La gloria de Dios se revela a menudo cuando limpia el desastre que ha dejado la tormenta.

Cuando te asocies con Dios para convertir tu casa en un faro, tendrás que pagar el precio, prepararte para las tormentas del mundo y prepararte para compartir lo que tienes con personas que necesitan ver que Jesús está vivo en este mundo. También te divertirás, verás a Dios impactar vidas y sentirás al Espíritu Santo obrar a través de ti de maneras nuevas y asombrosas.

JARDINERÍA ORGÁNICA

PREPARACIÓN DEL SUELO

Considera el proyecto de limpieza. Reserva un tiempo como familia para un día de limpieza en tu casa con el propósito expreso de dejar las cosas bien y listas para invitar a tu casa a personas que aún no son seguidores de Jesús. Una vez que tengan todo limpio, hagan una invitación.

ESPARCIENDO SEMILLAS

Durante el tiempo del presupuesto. Echa un vistazo a tu presupuesto familiar y añade una lista para comprar comida y aperitivos para los entretenimientos para la gente de tu comunidad. Si no tienes un presupuesto, trabajá en la elaboración de uno y asegúrate de incluir una listo para "entretener a los miembros de la comunidad".[8]

REGAR CON LA ORACIÓN

Sabiduría y conocimiento. No tenemos la sabiduría que la gente de este mundo necesita. Sólo Dios la tiene. Si regularmente no dedicas tiempo a leer y estudiar la Biblia, haz que esto sea una prioridad en el ritmo diario de tu vida. Ora para que Dios te ayude a equilibrar tu tiempo y hacer de esto una prioridad en tu día. Esto te preparará para compartir la sabiduría de Dios con los demás. Hay una serie de excelentes planes de lectura gratuitos en un sitio web llamado Bible Gateway.[9]

Capítulo Once

Conectar de Forma Orgánica

Sherry

¡Levántate y resplandece, que tu luz ha llegado! ¡La gloria del Señor brilla sobre ti! Mira, las tinieblas cubren la tierra, y una densa oscuridad se cierne sobre los pueblos. Pero la aurora del Señor brillará sobre ti; ¡sobre ti se manifestará su gloria! Las naciones serán guiadas por tu luz, y los reyes, por tu amanecer esplendoroso.

— Isaías 60:1-3

"Somos deudores con cada hombre de darle el evangelio en la misma medida en que lo hemos recibido."

— P. F. Bresee, fundador de la Iglesia del Nazareno

Cuando mis hijos crecieron, aprendí varios idiomas nuevos. No tuve que estudiar español o francés para entender a mis hijos, pero sí tuve que aprender el vocabulario y la cultura de muchos mundos nuevos. Por ejemplo, me sumergí en una nueva cultura y aprendí el lenguaje del fútbol cuando los tres niños jugaron a este deporte durante más de una década. Aprendí el significado de palabras y términos como centrocampista, malabarismo, manivela, saque de banda, saque de esquina, delantero, patada en bicicleta, remate de cabeza y muchos más.

A lo largo de los años descubrí que para conectar en el mundo de mis hijos de forma orgánica era necesario aprender sobre la cultura en la que vivían y estudiar los lenguajes de cosas como el fútbol, el tenis, Pokémon (un videojuego para niños y un juego de cartas coleccionables), el monopatín y los grupos de grindcore. Los padres que quieren alcanzar a sus hijos con la gracia de Jesús y ser parte del ministerio de Dios a su comunidad necesitan convertirse en estudiantes de la cultura juvenil y de las muchas subculturas en las que viven sus hijos.

En su oportuno libro *Youth Culture 101* (Cultura juvenil), Walt Mueller ofrece una imagen útil del impacto que la cultura tiene en nuestros hijos. Señala que la cultura es la sopa en la que nuestros hijos se empapan cada día. Este guiso cultural incluye valores, actitudes, comportamientos, medios de comunicación y lenguaje. Si queremos saber quiénes son nuestros hijos, debemos aprender a levantar la tapa. Según Mueller, "no podemos escapar a la realidad de que esos elementos—por extraños y aterradores que parezcan—conforman su visión del mundo y rigen sus vidas. Podemos sentir la tentación de cerrar la tapa porque no nos gusta lo que vemos. Pero si esperamos proteger eficazmente a nuestros hijos de cualquier daño, velar por su bienestar y guiarlos hacia una fe vital en Cristo, debemos comprender su mundo... un mundo que es muy diferente del que nosotros conocimos cuando teníamos esa edad. De hecho, la brecha cultural-generacional entre adultos y adolescentes se ensancha cada día".[1]

Nuestros hijos necesitan padres y otros adultos afectuosos que se esfuercen constantemente por mantenerse en contacto con la cultura juvenil para guiarlos por el laberinto del crecimiento. Mueller anima a los padres de cinco maneras:

1. Nunca es demasiado pronto para aprender sobre el mundo en el que viven sus hijos, y nunca es demasiado tarde para empezar.
2. No será fácil, y requiere diligencia y compromiso.

3. El dolor puede ser una bendición, así que mantente comprometido y no abandones cuando se ponga difícil.
4. Comprender la cultura juvenil te equipa para transmitir tu fe.
5. Estudiar la cultura juvenil ayuda a fomentar la cercanía relacional con tus hijos y sus amigos porque no parecerás un completo extranjero.

A medida que estudiamos la cultura y nos damos cuenta de lo que realmente está ocurriendo ahí fuera, podemos desanimarnos y caer en la tentación de esconder la cabeza bajo la arena e ignorar nuestra situación cultural. Pero esta no es una opción para los que quieren tener un hogar faro. Parte de iluminar con la luz del amor de Dios consiste en participar en su misión en el mundo, comprometiéndonos con la gente de nuestra comunidad.

CONECTAR EN TU COMUNIDAD

Los cristianos pueden comprometerse con las personas espiritualmente desconectadas en muchos lugares y a muchos niveles. Una de las primeras decisiones que tomamos para comprometernos con nuestra comunidad fue involucrar a nuestros hijos en las ligas comunitarias de fútbol, baloncesto y béisbol. Decidimos no inscribir a nuestros hijos en programas deportivos de la iglesia ni en clubes deportivos cristianos especiales, a pesar de que había muchos disponibles en nuestra comunidad. Las horas que pasábamos en los banquillos con otros padres nos proporcionaban momentos muy naturales para relacionarnos con la gente de nuestra comunidad. También nos abrió la puerta para ministrar a la gente en tiempos de necesidad y compartir sobre nuestra vida y fe. Kevin incluso entrenó a varios de estos equipos e hizo que la experiencia deportiva fuera divertida y gratificante para los niños del equipo. Interactuaba con los padres cuando programaba las meriendas, organizaba las fiestas del equipo y organizaba todos los horarios de los equipos. Algunas de nuestras mejores oportunidades de relacionarnos con la gente de nuestra comunidad llegaron a través de los deportes de nuestros hijos.

SERVICIO Y FÚTBOL

Nate Harney

Crecí jugando al fútbol y me encantaba. No recuerdo un solo partido o entrenamiento en el que mi padre no estuviera presente. En nuestra ciudad, los padres podían ser entrenadores voluntarios de la Organización Americana de Fútbol Juvenil (OAFJ). Aunque no siempre era fácil encontrar entrenadores que dedicaran su tiempo y energía cada semana, año tras año, mi padre se ofrecía voluntario para ser nuestro entrenador. Cuando entrenaba, siempre daba el cien por cien.

Después de jugar un par de años, me di cuenta de que muchos de los chicos que conocía en el colegio querían unirse a nuestro equipo. Es cierto que ganábamos muchos partidos, pero la razón por la que tantos niños y sus padres querían formar parte de los equipos de mi padre era el ambiente que creaba. Trabajamos duro, pero también nos divertíamos. Mi padre nos desafiaba y nos presionaba, pero pasaba la mayor parte del tiempo animándonos, no gritándonos. Nos recompensaba por las victorias o los logros importantes llevándonos a comer pizza o helado. Mi madre se encargaba de darnos un bocadillo en el descanso o de organizar a las otras madres para que ayudaran. Y cuando empecé a jugar en el equipo del instituto, mis padres siempre estaban ahí para ayudar en todo lo que podían. Mi madre siguió ayudándome con los bocadillos y la organización, y mi padre nos ayudó en algunos entrenamientos, incluso sustituyendo al entrenador principal cuando lo necesitaban.

La implicación de mis padres en mis equipos de fútbol a lo largo de los años me enseñó una lección importante. Mis padres se preocupaban por los equipos deportivos en los que participaba, pero yo sabía que también estaban haciendo algo más grande. Que implicaban a propósito en nuestra comunidad para ser una luz para los demás. Después de años viendo a mi padre entrenar desde las bancas y a mi madre llevar bocadillos a los partidos, la gente empezó a notar que había algo diferente en mis padres. Vi a mi padre y a mi madre interactuar y entablar relaciones con personas que nunca pisarían el edificio de una iglesia. En otras palabras, mis padres llevaban a la iglesia a la gente. En los laterales de nuestros campos de fútbol, en las funciones escolares y por todo nuestro vecindario, Dios estaba usando a mis padres para mostrar y contar las buenas noticias a aquellos que nunca las oirían en otro lugar.

No sólo los chicos hacían deporte, sino que Kevin se apuntó a una liga de fútbol para conocer a más adultos de nuestra comunidad. Esto abrió la puerta a amistades maravillosas y a nuevas relaciones con personas que necesitaban conocer la gracia de Dios y su cuidado.

Escuelas y organizaciones comunitarias

Como mencionamos anteriormente, sabemos que los padres creyentes amorosos pueden elegir muchas opciones para la educación de sus hijos. La educación en casa, las escuelas charter, las escuelas privadas y la educación pública son todas opciones válidas que pueden ser consideradas en oración. Kevin y yo tenemos amigos que han elegido cada una de estas opciones con la confianza de que Dios los estaba guiando. Hay muchos factores que pueden y deben afectar las decisiones con respecto a la educación de sus hijos, tales como la cultura de su comunidad, los tipos de maestros que sus hijos tendrán, las necesidades personales de su hijo, y la condición general de las escuelas públicas en su área. Creemos que cada familia debe orar y buscar la dirección del Señor. Kevin y yo también animamos a los adultos creyentes a respetar las decisiones de otros padres y a no imponer sus convicciones sobre la educación a sus amigos creyentes.[2]

Para nosotros, el sistema escolar público era donde sentíamos que Dios nos guiaba más claramente. Las escuelas públicas a las que asistían nuestros hijos eran bastante seguras y ofrecían una educación sólida, y por la gracia de Dios, nuestros hijos eran testigos de Jesús en sus escuelas. El sistema escolar público era el lugar adecuado para nuestra familia, y para aquellos padres que se sienten llamados a elegir la escuela pública, este puede ser un lugar maravilloso y natural para comprometerse con los demás. La clave es comenzar con un humilde corazón de siervo. Ore fielmente, anime a menudo y haga todo esto en colaboración con sus hijos. Véanlo como un ministerio conjunto que pueden hacer juntos.

Durante los años escolares de nuestros hijos, nuestra participación en el sistema escolar público creció. Nos presentamos a todos los maestros de nuestros hijos y les hicimos saber que estábamos disponibles para ayudar en cualquier forma y que estaríamos orando fielmente por ellos y su clase. La mayoría de ellos lo agradecieron. Fui a muchas de las fiestas de las clases y ayudé a los profesores en esos eventos. Sabiendo que a menudo no se aprecia lo suficiente a los profesores y administradores, aproveché la Navidad para mostrarles nuestra gratitud con pequeños regalos. Kevin fue entrenador sustituto en algunos partidos de fútbol universitario cuando el entrenador principal tuvo que atender necesidades familiares urgentes. Servimos en varias de las fiestas de graduación de los alumnos de último año, que duraron toda la noche. Kevin incluso fue llamado por varios profesores para preguntarle si podía estar disponible para aconsejar a los padres que estaban luchando de diversas maneras. Esto abrió la puerta para un gran ministerio a los padres no creyentes en la comunidad.

Un profesor del instituto incluyó algunos de los libros de Kevin en su lista de lecturas optativas. En varias ocasiones, Kevin fue invitado al día de la carrera en la escuela primaria y secundaria para hablar de lo que hace un pastor. Por si fuera poco, Kevin fue invitado, a petición de los estudiantes, a predicar en cada uno de los servicios de bachillerato de nuestros tres hijos. Cuando Nate se graduó, los estudiantes también lo invitaron a unirse a Kevin para predicar el mensaje en este servicio. Esta fue la primera vez en la historia de la escuela que los estudiantes habían pedido a un estudiante graduado que diera el mensaje, y fue un verdadero honor. Las escuelas públicas de nuestra ciudad fueron un lugar de conexión, amistades y ministerio para nuestra familia.

Incluso si tus hijos no asisten a escuelas públicas, hay otras organizaciones cívicas, clubes y reuniones comunitarias en las que pueden participar. Muchos de los miembros de nuestra iglesia en Michigan servían en el gobierno local de la ciudad. Cada vez que íbamos a votar, más de la mitad de las personas que prestaban servicio en el colegio electoral eran de nuestra congregación. También puedes considerar la posibilidad de unirte a una compañía de teatro local, un grupo vocal, un club de golf, una liga de bowling o un grupo de atletismo, por nombrar sólo algunas opciones. Aunque algunas iglesias intentan crear "sustitutos" cristianos de estas actividades para fomentar el compañerismo cristiano y entablar amistad con otros creyentes, hemos comprobado que suele ser mejor que los creyentes que quieren que su luz brille se unan a una reunión o programa ya existente en la comunidad. En lugar de tratar de convencer a un no creyente para que se una a su grupo, lo que puede resultar bastante intimidatorio, intenta reunirte con él en un lugar que le resulte más natural. Al crear una versión cristiana de estas reuniones, reducimos el potencial de impacto evangelizador.

Dónde comer y comprar

Aunque hay muchas opciones para comer fuera y hacer compras, nuestra familia intentaba comer y comprar en los mismos sitios con regularidad para poder entablar amistad y contactos con las personas que trabajaban en esos negocios. Uno de nuestros favoritos era un pequeño restaurante regentado por una pareja que acabó haciéndose muy amiga nuestra. Tuvimos la oportunidad de compartir nuestra fe con ellos a menudo, y Dios forjó una maravillosa relación entre "nosotros a lo largo de los años". Kevin también tenía la oportunidad de orar con los empleados de la gasolinera cercana a nuestra casa. Sabían que era creyente y Kevin se quedaba en la caja registradora cuando había poco trabajo. El mostrador de la gasolinera se convirtió en un lugar de ministerio.

Kevin leía y estudiaba mucho en una tienda de sándwiches local, y con los años esto dio lugar a docenas de conversaciones espirituales con los empleados. Todavía recuerdo el día en que Kevin llegó a casa y me dijo emocionado que había compartido el evangelio con una joven mientras ella le preparaba un bocadillo de albóndigas para comer. Uno nunca sabe qué oportunidades le dará Dios, ni cuándo ocurrirán. Cuando compras y cenas en los mismos negocios, con el tiempo pueden convertirse en lugares donde la luz de Dios brilla a través de ti.

RESTAURANTES Y RELACIONES

Josh Harney

Tengo recuerdos vívidos de todos los restaurantes a los que nuestra familia iba con regularidad mientras crecía, desde la satisfactoria comida mexicana de Carlos O'Kelly's hasta el interminable bufé chino de uno de nuestros locales favoritos, Peking Inn. Siempre esperaba con impaciencia estas comidas, anticipando lo que quería pedir y todos los diferentes sabores y olores que estaba a punto de disfrutar.

A través de estos frecuentes viajes a nuestros restaurantes favoritos, empecé a darme cuenta de que, a medida que volvíamos a los mismos restaurantes con regularidad, mis padres empezaron a entablar relaciones con los dueños y los meseros. Vi a mi madre entablar relación con varias de las trabajadoras del Peking Inn, hablando de sus hijos y poniéndose al día de lo que les pasaba a cada una. En Carlos O'Kelly's, recuerdo a mi padre conociendo poco a poco a la mayoría de los meseros del restaurante y hablando con ellos de nuestra familia, nuestra vida y nuestra fe. Ver de primera mano cómo el simple acto cotidiano de salir a comer se puede convertir en un ministerio realmente me impactó y transformó mi forma de pensar acerca de lo que es el evangelismo en un entorno común.

Además de entablar amistad con los dueños y meseros de estos restaurantes, también vi cómo mis padres llevaban a amigos y conocidos a cenar fuera. Estos entornos naturales crearon un lugar para que los miembros de nuestra familia se acercaran a nuevos amigos, vecinos y personas de nuestra comunidad. Llegábamos a conocerlos mejor y a escuchar sus alegrías y dificultades mientras comíamos papas fritas y salsa o un plato de albóndigas de puerco. Aquí es donde vi la verdadera comunidad y la conversación entre amigos de la familia, los nuevos creyentes, y las personas que todavía están tratando de averiguar lo que su fe podría ser.

Aunque las iglesias y los edificios juveniles son lugares estupendos para conocer a alguien y hablar de la vida y la fe, muchas veces las personas que no pertenecen a la familia de la iglesia parecen sentirse más cómodas en un entorno que ya es habitual para ellas. No importa cuáles sean tus creencias o tu etapa de la vida, todo el mundo necesita comer, y llevar a alguien a comer sólo para pasar el rato y hablar es algo tan sencillo y orgánico. Cuando empezamos a verlo como una forma de acercamiento, podemos empezar a entablar relaciones reales y a influir en las vidas de quienes nos rodean en todo tipo de lugares cotidianos.

CONECTANDO ALREDEDOR DE LOS INTERESES

Cuando nos encontramos con personas en nuestro vecindario, lugar de trabajo y comunidad, tenemos que buscar formas en las que Dios pueda estar abriéndonos la puerta para llegar a ellos con su amor. Una de las formas más naturales de tender puentes con los demás es involucrarnos en las cosas que nos interesan. Los creyentes a menudo esperamos que la gente nos conozca en nuestro propio terreno, normalmente en el edificio de una iglesia o en algún tipo de actividad eclesiástica. Ciertamente creemos que es bueno invitar a la gente a la iglesia, pero eso no va a llegar a todo el mundo. Tenemos que ser intencionales y dar pasos para entrar también en su mundo.

En nuestro barrio, preguntamos qué le gustaba hacer a cada uno. No se trataba sólo de una estrategia de divulgación: ¡sus intereses nos importaban de verdad! Muchos de nuestros amigos creyentes se acercaron a sus vecinos participando en las actividades que a ellos les gustaban. Esto podría implicar hacer Recuerdos Creativos juntos, ir a jugar al golf, ver una película, ir de caza durante el fin de semana, compartir consejos de jardinería, cocinar comidas juntos, asistir a las mismas reuniones sociales y fiestas, o incluso hacer viajes familiares juntos y montar en las montañas rusas de los parques de atracciones. Todos estos pueden ser puentes naturales para construir amistades.

Es importante que, además de preguntarte qué les gusta a tus vecinos, te hagas la misma pregunta: ¿Qué me gusta hacer a mí? Cuando las respuestas a estas dos preguntas coincidan, encontrarás tu punto de conexión natural con otras personas. Aunque no hay nada malo en probar algo nuevo, si no estás haciendo algo que te encanta, no te parecerá muy natural u orgánico ni a ti ni a la persona con la que quieres pasar el tiempo. Por ejemplo, a mí me encanta entretener. Me encanta organizar fiestas e invitar a la gente a eventos especiales. Pueden ser reuniones vecinales, fiestas deportivas, celebraciones de grupos pequeños o fiestas de cumpleaños: me interesa casi cualquier motivo de celebración. Conectar de esta manera es divertido para mí. Me resulta natural. También me encanta escuchar a la gente y mostrar compasión. Cuando me conecto de formas que me resultan naturales, mi evangelismo es orgánico.

Los intereses de Kevin son diversos. Le encanta organizar eventos, hacer deporte y ayudar a la gente a aprender nuevas habilidades. También le encanta el cine. A lo largo de los años le he visto entrenar equipos deportivos, jugar en ligas deportivas comunitarias, organizar actividades para los niños del barrio y llevar a los amigos de nuestros hijos a comer y al cine. Estas son formas en las que Kevin conecta orgánicamente con la gente.

Como padre, no olvides hacer otra pregunta: ¿Qué les gusta a mis hijos? También podemos crear grandes conexiones cuando identificamos lo que les gusta a nuestros hijos e invertimos en esos lugares. Las relaciones y actividades de tus hijos pueden convertirse en vínculos orgánicos con otras personas de tu comunidad. A nuestros hijos les interesaban deportes como el fútbol, el tenis, el baloncesto y el monopatín, pero también se dedicaban a cosas como la producción de vídeo y tocar en una banda (piensa en rock duro, no en marchas), y dejamos que esto sirviera de puente con las familias de nuestra ciudad. Tus hijos tendrán intereses diferentes a los tuyos, pero el potencial para establecer relaciones en tu comunidad puede ser igual de gratificante.

CONECTANDO A TRAVÉS DE GRUPOS PEQUEÑOS

Kevin y yo nunca habíamos pensado en organizar un grupo pequeño para las parejas de nuestro vecindario hasta que Rick Warren desafió a los cristianos de todo el mundo a hacer la vida con propósito como una experiencia de grupo pequeño comunitario.[3] Rick sugirió que estos grupos estuvieran formados tanto por creyentes como por buscadores de la espiritualidad. Al principio éramos un poco incrédulos, al menos hasta que preguntamos a nuestros vecinos si querían formar parte de este libro y estudio bíblico. Para nuestra sorpresa, casi todos a los que preguntamos dijeron que sí.

Nos asociamos con otros creyentes de nuestro barrio y nos turnamos para organizar el grupo. Los amigos que dirigían el grupo con nosotros procedían de distintas iglesias, así que no parecía que estuviéramos intentando reclutar gente para nuestra iglesia. Nuestro objetivo era aprender juntos. Queríamos ver a los creyentes crecer en la fe y dar a los curiosos en la espiritualidad un lugar seguro para aprender sobre Dios y hacer preguntas sobre la fe. Los creyentes de nuestro barrio oraron para que Dios dirigiera esta empresa, y luego invitamos a nuestros amigos sin iglesia. En su mayoría, se sintieron honrados de ser incluidos y dijeron que sí. Todos lo pasamos muy bien, y esto creó una atmósfera en la que pudimos acoger a otros grupos pequeños en el futuro.

Durante la última década, ha habido un esfuerzo creciente entre los líderes cristianos y los editores para diseñar recursos para grupos pequeños que sean amigables para los grupos de creyentes y buscadores. Algunos están escritos explícitamente para el evangelismo a través de grupos pequeños comunitarios.[4] Hace algún tiempo, me encontré con un recurso útil para las personas que quieren conectarse con los buscadores en su comunidad a través de este tipo de grupos pequeños orientados al evangelismo. Bob y Betty Jacks comenzaron con el simple deseo de usar su hogar como un puente para llevar a la gente a Jesús y eventualmente a la comunión de la iglesia local, y escribieron un libro llamado *Your Home a Lighthouse: Hosting an Evangelistic Bible Study* (Su casa es un faro: Cómo ser anfitrión de un estudio bíblico evangelístico).[5] Su ejemplo y enseñanza son útiles para cualquiera que quiera aprender más sobre cómo ser anfitrión y dirigir un grupo pequeño evangelístico.

La clave está en ser creativo. Encuentra una forma de conectar con la comunidad que se adapte a ti y satisfaga una necesidad en tu barrio, pueblo o ciudad. Te hemos dado algunas ideas para empezar, pero al final, para que algo sea natural y orgánico, cada familia tiene que descubrir lo que le funciona en su entorno particular. Hace unos años, un equipo de nuestra iglesia asistió a una jornada de formación en innovación organizada por la Willow Creek Association, varios líderes de IDEO y Gary Hamel.[6] Aquel día aprendimos una verdad sencilla pero poderosa: si quieres tener éxito más a menudo, debes probar cosas nuevas y estar dispuesto a fracasar más a menudo. No todos los intentos que hagas para conectar tendrán éxito, pero la única forma de conseguir que tu comunidad participe y de ser un faro para los demás es intentarlo. Cuando encuentres algunos puentes creativos hacia tu comunidad que funcionen, compártelos con los demás. Si intentas ser innovador y tus esfuerzos no dan el fruto que esperabas, no te preocupes. Prueba otra cosa. Sabes que Dios está contigo, y que encontrarás la manera de que su luz brille a través de ti cuando des un paso adelante con fe, confiando en él para el resultado.

JARDINERÍA ORGÁNICA

PREPARACIÓN DEL SUELO

Estudia sobre la cultura juvenil. Si tienes hijos preadolescentes o adolescentes, considera la posibilidad de conseguir el libro de Walt Mueller *Youth Culture 101* (Cultura Joven 101) y estudiarlo. También dedica tiempo a hablar con tus hijos sobre cómo ven su cultura y las formas en que ésta moldea su visión del mundo, de Dios y de la fe.

ESPARCIENDO SEMILLAS

Lo que me gusta a mí y lo que te gusta a ti. Identifica alguna actividad o afición que le guste mucho a uno de tus vecinos y que a ti también te guste. Ponte en contacto con ellos y preguntale si les gustaría participar juntos en esa actividad. Ora para que Dios utilice esta conexión natural para profundizar nuestra amistad y llevar la gracia de Jesús a esta persona que te importa.

REGAR CON LA ORACIÓN

Una razón para comprar y comer afuera. Conviértete en un invitado o comprador habitual. Identifica un lugar que vayas a frecuentar durante varios meses. Mientras compras o comes en este lugar, conoce los nombres del personal y aprende algunas de sus historias personales. Ora para que Dios te use a ti y a tu familia para llevar su gracia a ese lugar.

Capítulo Doce

Superar los Retos de Alcance

Kevin

¡Levántate y resplandece, que tu luz ha llegado! ¡La gloria del Señor brilla sobre ti! Mira, las tinieblas cubren la tierra, y una densa oscuridad se cierne sobre los pueblos. Pero la aurora del Señor brillará sobre ti; ¡sobre ti se manifestará su gloria! Las naciones serán guiadas por tu luz, y los reyes, por tu amanecer esplendoroso.

— Isaías 60:1-3

Nunca sabemos cómo responderá Dios a nuestras oraciones, pero podemos esperar que nos involucre en su plan para la respuesta. Si somos verdaderos intercesores, debemos estar dispuestos a participar en la obra de Dios en favor de las personas por las que oramos.

— Corrie ten Boom

Estar en el mundo, tender la mano con el amor de Dios y tender puentes a los perdidos y quebrantados conlleva retos únicos. Si no tenemos cuidado, el mundo puede influir en nuestros hijos y traer conflictos y desunión a nuestras familias. Los conflictos surgen inevitablemente porque hay comportamientos y actitudes en el mundo que simplemente no podemos apoyar, y a veces tenemos que rechazarlos. Si nuestros límites no son claros, podemos perjudicar a nuestros hijos o a nuestro matrimonio. El desánimo puede apoderarse de nosotros cuando descubrimos que no todos quieren ser alcanzados y las personas que amamos se resisten a las buenas noticias de Jesús y a nuestros esfuerzos por mostrarles su amor. ¿Cómo superar estos retos?

HACER Y MANTENER LAS COSAS CLARAS

Una de las decisiones más importantes a las que nos enfrentamos como padres fue hasta qué punto permitir que nuestros hijos se sumergieron en las vidas, hogares y actividades de sus amigos. Para guiarnos, Sherry y yo desarrollamos una sencilla filosofía. Si nuestros hijos estaban marcando una diferencia para Jesús y si eran influyentes, permitíamos y alentábamos un alto nivel de conexión. Si un amigo estaba haciendo un impacto dañino en alguno de nuestros hijos, limitábamos la interacción con ese amigo hasta que nuestro hijo pudiera volver a ser una persona influyente otra vez.

Esto no siempre fue fácil. Sherry y yo teníamos que participar en la vida de nuestros hijos, estar al tanto de lo que hacían sus amigos y saber quién ejercía más influencia. La mayor parte del tiempo teníamos un fuerte nivel de confianza en que nuestros hijos estaban teniendo un impacto positivo en Jesús. Ocasionalmente era evidente que estaban siendo afectados negativamente por su relación con alguien, y les ayudábamos a navegar esas relaciones. A veces esto significaba hacerles retroceder o cortar lazos con una relación negativa. Luchamos exactamente con la mejor manera de establecer límites sanos para nuestros hijos, sin dejar de animarles a ser una influencia para Jesús entre sus amigos.

El factor más importante en todo esto es mantenerse muy involucrados en la vida de tus hijos. Habla con ellos a menudo. Fijarte si tus hijos están influenciando a otros para Jesús o si están siendo arrastrados a actitudes y acciones que dañarán su fe y su futuro. Si crees que están en peligro, recuerda que tu primer llamado y responsabilidad es alcanzar a los miembros de tu propia familia y ayudarles a recibir y a vivir para Jesús. Los límites claros y apropiados lo hacen posible.

Jesús puso límites.[1] Una vez le pidieron que fuera a una ciudad llena de gente que quería que sanara y se quedara con ellos. Pero nuestro Salvador tenía claro que debía ir a otras ciudades y predicar allí. Con amor, Jesús dijo: "No". Y nosotros también tenemos que aceptar poner límites. Hay veces en que la mejor respuesta es no, incluso a algo bueno. Evangelizar puede exigir mucho de nosotros, y si vamos a servir fielmente a largo plazo, tenemos que establecer límites claros para nosotros mismos, nuestros hijos y los que aún no son seguidores de Jesús. Al establecer límites claros modelamos una vida familiar sana. También nos protegemos a nosotros mismos y a los miembros de nuestra familia de ser invadidos, quemados y agotados.

Intentamos ayudar a nuestros hijos a entender lo que significa estar en el mundo pero no ser de él. Esto fue especialmente difícil desde la preadolescencia hasta la adolescencia. Uno de nuestros hijos tenía un círculo de amigos a los que queríamos mucho. Pasaron años en nuestra casa, y el deseo de nuestro corazón era tener siempre una casa abierta para ellos, un lugar donde siempre se sintieran bienvenidos. Una de las cosas más dolorosas que tuvimos que hacer como padres fue establecer límites con algunos de estos chicos cuando empezaron a meterse en problemas más serios, participando en actividades que podían figurar en su expediente permanente y costarles el resto de sus vidas. Sabíamos que estos comportamientos también podían costarle caro a nuestro hijo si seguía pasando tiempo con sus amigos.

Siempre le habíamos dicho a nuestro hijo que podía salir con esos chicos siempre y cuando viéramos que podía tomar las decisiones correctas sin dejar de tener una relación estrecha con ellos. Aunque pudo ser una persona influyente durante varios años, en la escuela secundaria los aprovecharon tomando malas decisiones con esos amigos, y tuvimos que intervenir y establecer unos límites claros. Durante un tiempo no se le permitió salir con ellos y a algunos les impedimos entrar en casa hasta que sentimos que las cosas habían cambiado. Fue doloroso para ellos y para nosotros.

Intentamos ser lo más amables que pudimos. Nos mantuvimos en contacto con sus padres, asegurándoles nuestro amor y cariño por sus hijos. En su mayoría, los padres lo entendieron. Queríamos tender la mano a estas familias, pero también sentíamos una fuerte necesidad de proteger a nuestro hijo y mantener su fe en el buen camino. Cerrar la puerta a estos adolescentes en apuros fue una de las cosas más difíciles que hicimos. Pero darnos cuenta de que nuestro propio hijo estaba en peligro nos obligó a tomar algunas decisiones difíciles". Con el tiempo, algunos de los amigos de nuestro hijo empezaron a tomar mejores decisiones, y hoy les va bien. Lamentablemente, algunos de los chicos de ese grupo están pagando el precio de sus acciones.

Nuestro consejo es que permitas que tus hijos se relacionen con la comunidad siempre que lleven la luz y la gracia de Jesús a los demás. Cuando parezca que están siendo influenciados de manera poco saludable, intervenga y establezca límites claros que protejan su futuro. Esto incluye establecer límites sobre quién es bienvenido en tu casa y cómo interactúas con los demás en público. Estos límites pueden conducir a la salud y al ministerio a largo plazo para su familia.

Decir ahora no

Tenemos que hacer saber a la gente que nuestros hogares y nuestro corazón están abiertos para ellos, pero también hay momentos que reservamos para la familia. Por supuesto, si hay una emergencia, podemos ayudar en cualquier momento. A lo largo de los años, hemos dicho que sí a muchas oportunidades, pero también nos hemos sentido cómodos diciendo que ahora no. Este límite honraba a nuestros hijos y daba estructura a los hijos de los vecinos.

NUESTRO HOGAR SEGUÍA SIENDO NUESTRO HOGAR

Nate Harney

Nuestra casa recibió muchas visitas a lo largo de los años, pero nuestra casa seguía siendo nuestra casa. Mis padres sabían que tendrían muchas reuniones y fiestas con familias de nuestra iglesia, así como con gente de nuestro vecindario y comunidad. Para muchas de estas reuniones, mis hermanos y yo necesitábamos un lugar donde pasar el rato que siguiera siendo nuestro hogar. En lugar de echarnos o mandarnos a nuestras habitaciones, mi padre y mi madre crearon un espacio en el sótano donde podíamos pasar el rato mientras venían invitados. Nos animaban a divertirnos en el sótano durante esas horas e incluso nos guiñaban un ojo cuando nos cachaban subiendo despacio las escaleras en una misión encubierta para robarle a mamá un poco de su delicioso postre de helado de galletas Oreo. Nunca me sentí molesto o desplazado por el flujo constante de visitantes en nuestra casa. Mis padres siempre se aseguraron de que siguiera pareciendo nuestro hogar.

También recuerdo que mis padres pusieron muchos límites para evitar que nuestra casa se convirtiera en un centro comunitario. Vi y aprendí que es sano abrir tu casa a los demás. Pero también es importante asegurarse de que tus hijos sientan que su casa es realmente suya. Fuimos una de las primeras familias de nuestro barrio en tener piscina. En los calurosos días de verano, todos los vecinos querían estar en ella. En lugar de abrir nuestra casa a los invitados todos los días de la semana, mis padres fijaban un día a la semana como el "día de baño del vecindario", en el que todo el mundo podía venir y pasar el rato todo el día. Era una muestra de cariño hacia nuestros vecinos, pero también hacia nosotros, sus hijos. Por supuesto, podíamos invitar a amigos a nadar cualquier día, pero no podía venir todo el vecindario sin avisar todos los días de la semana.

Esta simple acción me transmitió muchas cosas. Vi cómo mis padres creaban un espacio para que el vecindario se reuniera y se divirtiera, pero reservaban el resto del tiempo para mis hermanos y para mí. De este modo, vi que a mis padres les importaba alcanzar nuestra comunidad, pero que su prioridad era nuestra familia.

Decir que no

A lo largo de los años, hubo muchas ocasiones en las que simplemente tuvimos que mantenernos firmes y decir no. Como hemos dicho antes, si uno de los amigos de nuestros hijos tomaba malas decisiones y nos preocupaba que nuestro hijo pudiera seguir el mismo camino, poníamos límites y decíamos no a esa relación, al menos durante un tiempo. Cuando se introdujeron las prácticas dominicales, dijimos suavemente que no. En nuestra casa, aunque todos los niños tenían "derechos del refrigerador" Ese es el refrigerador del sótano, nos aseguramos de que supieran que no podían extenderse al piso de arriba.[2] A menudo comentaba que cuando nuestros hijos y sus amigos bajaban al sótano, era como una nube de langostas devorando "todo lo que encontraban a su paso". Estaba bien si querían limpiar nuestro refrigerador del sótano, pero Sherry necesitaba saber que los alimentos que planeaba para nuestras comidas estarían allí también cuando nuestra familia comiera. En su mayor parte, la gente entendía y respetaba nuestros límites. A los niños de otras casas les parecía gustarles la estructura que teníamos. Tenían claro por qué lo hacíamos.

Una vez, nuestro hijo mayor se puso un límite a sí mismo. Zach estaba en kinder y su profesora iba a leer un cuento de Halloween que incluía brujas y otros personajes espeluznantes. Nuestro hijo levantó la mano y explicó que no estaba seguro que sus padres querrían que escuchara esa historia. Preguntó si le parecía bien sentarse en una mesa al fondo de la clase y colorear hasta que terminara el cuento. La profesora le responde que no hay problema. Otra alumna preguntó si podía unirse a Zach en la mesa de colorear y también se le dio permiso. Como Sherry y yo hemos puesto límites a nuestra casa y a nuestra familia con claridad y amabilidad, nuestros tres hijos han aprendido a hacer lo mismo. Han visto que la gente respeta tus convicciones si las expresamos con humildad y firmeza.

ELEGIR CUIDADOSAMENTE LAS BATALLAS

Cuando vivimos y ejercemos nuestro ministerio en este mundo, chocamos con creencias y prácticas que van en contra de nuestra fe. Tendremos momentos en los que levantarnos y resistirnos a algo que a otras personas de nuestra comunidad no les parece gran cosa. Sherry y yo hemos aprendido a elegir nuestras batallas con cuidado y a luchar con suavidad. Nuestra familia vive con fuertes convicciones bíblicas, pero no esperamos que los no creyentes tengan la misma visión del mundo y filosofía de vida que nosotros. No nos sorprende ni nos escandaliza que un no creyente no actúe como un creyente. Cuando nos enfrentamos a desacuerdos, y no fueron pocas las veces que lo hicimos, intentamos seguir estas cuatro guías básicas:

1. *No te conviertas en "esa familia".* En cada comunidad hay una familia Cristiana que la gente considera prepotente y odiosa. Presumen agresivamente de su fe y no muestran gracia cuando discuten con los demás. Decidimos que no íbamos a subirnos a todas las plataformas ni a pelear en todas las batallas que surgieran. Hubo algunas ocasiones en las que otros creyentes querían que nos uniéramos a su lucha, que firmáramos su petición o nos movilizáramos por su causa, y les dijimos educadamente: "No, gracias". No íbamos a ser aventureros y que tuviéramos que cargar un peso en nuestros hombros.

2. *Análisis del interior.* Nos comprometimos a plantear nuestras inquietudes desde una posición de servicio amoroso. En nuestras

escuelas públicas nos enfrentamos a algunas situaciones a las que nos sentimos obligados a resistir. Cuando uno de los equipos deportivos de nuestros hijos empezó a programar entrenamientos los domingos, dejamos claro que no nos parecía bien que nuestro hijo faltara a la iglesia y a los momentos familiares. Compartimos nuestras inquietudes, pero lo hicimos como padres que apoyan sistemáticamente a los entrenadores, a la escuela y a los estudiantes. No éramos una voz ajena que criticaba al entrenador. Estábamos comprometidos a ayudar y servir, y planteamos nuestras inquietudes que teníamos. También hablamos directamente con el entrenador y no recurrimos a la administración. Queríamos honrarle a él y a nuestra relación con él.

3. *Esperar a los problemas grandes.* En todos los años de las escuelas de nuestros hijos y de participación en actividades comunitarias, sólo unas pocas veces dijimos nuestras inquietudes. Eran situaciones en las que pensábamos que el compromiso sería demasiado costoso. Por ejemplo, sacamos a uno de nuestros hijos de una clase de educación sexual en la que se enseñaba una visión de la sexualidad que considerábamos inapropiada. Pero solo hubo un par de inquietudes como estas que exigimos una respuesta. Como dijimos nuestras inquietudes y lo hicimos en solo pocas ocasiones, ellos siempre nos escucharon con comprensión. En todos los casos, se les permitió a nuestros hijos resolver los problemas que nos preocupaban.

4. *Extiende la gracia durante el conflicto.* Incluso cuando no estábamos de acuerdo, hicimos todo lo posible por no ser desagradables. Reafirmamos a los líderes, les agradecemos su servicio y les hacíamos saber que apreciamos todo lo que hacían, dejando claro al mismo tiempo que no podíamos seguir su programa. Siempre nuestro objetivo fue ser amables aunque estuviéramos firmemente en desacuerdo.

Estas cuatro sencillas pautas nos ayudaron a superar algunos de los momentos más difíciles de nuestra conexión con la comunidad. Tus retos pueden ser diferentes. Recuerda buscar orientación en la oración, mantenerte firme en tus convicciones, pero también comunicar tus desacuerdos y objeciones de una manera que comunique gracia a los demás.

SERVIR A LOS DEMÁS

Hemos descubierto que, además de mostrar humildad en tus interacciones con los demás, el servicio conforme y humilde es el mayor antídoto contra los muchos retos de evangelismo a los que te enfrentarás. Este es el camino de Jesús. Jesús sabía que Tomás dudaría, Pedro negaría, Judas traicionaría, y el resto huiría en su momento de necesidad, sin embargo, ofreció a cada uno de ellos un servicio humilde. Nuestro Salvador lavó los pies de sus seguidores mientras celebraban la Última Cena, y luego pronunció estas palabras: "Pues, si yo, el Señor y el Maestro, les he lavado los pies, también ustedes deben lavarse los pies los unos a los otros. Les he puesto el ejemplo, para que hagan lo mismo que yo he hecho con ustedes"[3]. Cuando seguimos los pasos de Jesús, nos comprometemos a servir a las personas cuando no se lo merecen. La verdad es que ninguno de nosotros merece la gracia que Dios nos ha dado gratuitamente. Cuando reconocemos lo indignos que somos, nos vemos obligados a servir porque nos quedamos atónitos ante la magnitud de la misericordia de Dios hacia nosotros. Servimos a los demás porque nuestros corazones están llenos de gratitud porque él dio su vida en la cruz por nosotros. Amamos porque él nos amó primero.

La esencia del servicio cristiano no está tanto en los actos concretos que realizamos como en la condición correcta de nuestro corazón. Ese deseo de servir a los demás, motivado por la buena noticia de lo que Jesús ha hecho por nosotros, puede adoptar muchas formas diferentes. C. T. Studd escribió una vez: "Si Jesucristo es Dios y murió por mí, entonces ningún sacrificio puede ser demasiado grande para que yo lo haga por él".[4] No hay nada demasiado pequeño, demasiado humillante, demasiado bajo para los seguidores de Cristo. El servicio puede hacerse de muchas maneras pequeñas y comunes. Sherry era conocida por llevar comida a cualquier familia de nuestra calle que estuviera pasando por una enfermedad, un nacimiento o cualquier momento de dificultad. Tenía unos platos sencillos pero deliciosos y a veces daba a la familia una copia de la receta. A la gente le encantaba.

Los actos de servicio no tienen porqué ser extravagantes, sino que han de nacer del corazón, del genuino desbordamiento del amor de Dios por los demás. Una familia de nuestra calle nos ayudó cuando murió nuestro perro. Uno de los chicos nos hizo un plato de galletas y nos lo trajo. Nunca lo hemos olvidado.

Nuestro servicio también debe ser creativo. Teníamos un grupo de amigos de la iglesia que adoptaron un arroyo local y lo limpiaban todos los años. Buck Creek atraviesa un parque de la ciudad donde se jugaban todos los partidos de fútbol de la comunidad. Cada vez que limpiamos el arroyo, los vecinos se acercaban a preguntarnos qué estábamos haciendo. Era una gran oportunidad para hablarles de nuestra iglesia y de por qué los creyentes se preocupan por el medio ambiente.

Algunas personas llevan la llamada al servicio a otro nivel. Conocemos a un grupo de cristianos de Illinois que crearon una página web y formaron una organización sin fines de lucro 501c3, Cary Grove Neighborhood Life (Cary Grove Vida en el Barrio), para servir a su comunidad en nombre de Jesús.[5] Estos creyentes están muy motivados y ven su servicio a los vecinos como una llamada de Dios. Llevan a cabo una campaña de "Alimentar a los hambrientos", realizan eventos especiales para personas mayores, dan clases particulares y orientan a los niños en las escuelas locales, practican actos de bondad al azar, proporcionan suministros a los maestros de las escuelas locales y sirven a los miembros de las fuerzas locales de bomberos y policía. A través de estas conexiones, se abren puertas para el evangelio.[6] Nuestro servicio puede ser tan sencillo como ayudar a un vecino a ayudarle a meter su comida o tan laborioso como organizar un programa de servicio para toda la comunidad. La clave es que ofrezcamos nuestro servicio en nombre de Jesús.

Dios no te llama a ser amado por todos en tu comunidad. No te llama a servir a todo el mundo ni a satisfacer todas las necesidades, pero sí te llama a un servicio constante y humilde. Si nuestros hogares y nuestras vidas van a brillar con la luz de Jesús, necesitamos cruzarnos en medidas cada vez mayores justo donde Dios nos ha colocado. Al hacerlo, Dios nos usará para llevar su amor y su gracia a un mundo roto y herido.

JARDINERÍA ORGÁNICA

PREPARACIÓN DEL SUELO

Observa los límites. Pregúntales a tus hijos cómo tú estás con los límites en la casa. ¿Sienten que su casa es su casa? ¿Se sienten desplazados? Háblales de cómo puedes hacer que la casa sea un lugar acogedor, pero también ayúdales a tus hijos a saber que ellos son siempre una prioridad.

ESPARCIENDO SEMILLAS

Tus batallas. Hablen con la familia y decidan qué merece la pena luchar. No te subas a todos los vagones. Elige bien tus batallas. Prepárate para adoptar una fortaleza y resiste con firmeza pero con gracia a las cosas por las que has decidido que merece la pena luchar..

REGAR CON LA ORACIÓN

Un proyecto de servicio. Identifiquen en familia uno o dos actos de servicio que puedan ofrecer en su vecindario, en su complejo de apartamentos, en su base o dondequiera que vivan. Oren juntos y pídanle a Dios que use estos actos de servicio para construir puentes y llevar la gracia de Jesús a su comunidad.

Reflexiones Finales

¡Que brille!

Por qué comprometerse a desarrollar una casa faro? Espero que hayas encontrado muchas respuestas a esta pregunta:

- Compartir el amor y el mensaje de Jesús es nuestro llamado.
- Llegar a los perdidos nos permite parecernos más a Jesús.
- Ser fieles a Dios es lo más importante de todo.
- Brillando la luz de Dios es como ninguna otra aventura que podamos experimentar.

Hay muchas razones para comprometernos en el evangelismo orgánico, pero la más importante de todas es el impacto eterno del mensaje que compartimos. Nuestra misión es la evangelización, compartir la buena noticia que salva a las personas de las consecuencias eternas de sus pecados y las restaura en una relación con Dios a través de la obra de Jesucristo. Hay maneras, como hemos visto en este libro, en hacerlo natural y orgánicamente para que el mensaje penetre en sus corazones y la luz de la verdad de Dios traiga convicción y fe.

BRILLANDO EN UNA NOCHE FRÍA

En una ocasión, cuando la temperatura estaba muy por debajo del punto de congelación, yo (Sherry) estaba quitando la nieve de la entrada de mi casa y vi que mi vecino se acercaba. No era nada raro platicar en la entrada con mis vecinos, pero como hacía tanto frío, supe que se acercaba para algo más que un saludo amistoso. La familia estaba pasando por dificultades, así que le pregunté cómo estaba. Normalmente era un tipo bastante optimista, pero me contestó sinceramente porque sabía que nos importaba. "No muy bien", me dijo. Hablamos unos minutos y le dije que oraría por él.

Éramos vecinos por catorce años. Habíamos caminado juntos para llevar a nuestros hijos a la parada del autobús escolar y platicamos muchas veces. Él había estado en nuestra casa y nosotros en la suya. Habíamos orado por él y con él. Había formado parte de grupos pequeños que se reunían en nuestra casa. Kevin y yo le habíamos compartido nuestros testimonios y él había escuchado el mensaje de Jesús de ambos. Habíamos salido a cenar juntos como familia, habíamos estado alrededor de la piscina, nos habíamos reído tanto que nos dolía, y nos habíamos parado a charlar en medio de nuestro callejón sin salida más veces de las que podía contar. Pero esta vez era diferente.

Tenía la sensación de que Dios quería que le hablara de Jesús, una vez más. Le conté cómo Dios me había ayudado en los momentos difíciles de mi vida y que yo sabía que Jesús quería ayudarle a él también. Le pregunté si estaba preparado para dar ese paso de fe y recibir la entrega y la amistad de Jesús. Reflexionó un momento y dijo que sí. Y en el suelo helado de nuestro barrio, un amigo se convirtió en hermano y le pidió a Jesús que se convirtiera en el líder de su vida y en el perdonador de sus pecados.

Sé que los ángeles del cielo se regocijaron en ese momento. Me alegré de que Dios hubiera colocado a nuestra familia en aquella calle como embajadores de la buena nueva de Jesús. Agradecí a Dios que nuestro hogar fuera, de hecho, un faro de su gracia y amor. Aquel momento hizo que todo mereciera la pena.

BRILLANDO COMO JURADO

Cuando yo (Kevin) recibí una citación para ser jurado, agradecí la oportunidad de servir a mi comunidad. También oré: "Dios, si hay alguien a quien quieras tocar a través de mi vida mientras sirvo, aquí me tienes. Utilízame". Los dos primeros días de servicio como jurado fueron tranquilos, y nos enviaron a casa temprano. No tuve interacciones significativas. Al tercer día parecía que terminaríamos pronto si los dos abogados llegaban a algún tipo de acuerdo. Mientras una funcionaria del tribunal nos explicaba cómo conseguir una compensación por nuestro tiempo y kilómetros recorridos, levanté la mano para preguntar: "¿Hay algo que pueda firmar para devolver el dinero al gobierno?". Me dijo que sí y me indicó dónde podía agarrar el formulario para cuando nos dejaran salir.

Un amable caballero se acercó a mí, se sentó y me preguntó: "¿Por qué quiere devolver dinero al gobierno?". Le expliqué mi sentir de que ellos lo necesitan más que yo. Le pareció curioso y entablamos una conversación mientras esperábamos. Los dos congeniamos rápidamente. Él tenía un pequeño negocio y estaba batallando, pero lograba saldar al fin del mes. Por casualidad, él traía un libro de la nueva era que yo había leído antes como parte de una investigación para escribir un artículo. Le pregunté qué le parecía ese libro y me dijo: "Sinceramente, es muy extraño. Me lo dio un amigo porque estoy tratando de entender todo eso de 'Dios'. Pero no me ayudó en absoluto".

Le pregunté qué más estaba haciendo para averiguar lo de Dios, y me dijo: "Sólo estoy haciendo muchas preguntas". Le dije que yo era creyente y que también era pastor. Le dije que estaría encantado de hablar con él sobre cualquier pregunta que pudiera tener. Me preguntó si podíamos desayunar juntos e hicimos una cita. Resultó que vivía en departamentos al lado de donde yo vivía. Durante los seis meses siguientes, nos reunimos para desayunar cada dos o tres semanas y hablamos de la vida, del trabajo, de sus pensamientos de volver a la escuela y cambiar de carrera, de la familia, del golf y de muchas otras cosas. También hablamos de Dios, Jesús, el pecado, el cielo, el infierno, la Biblia y docenas de temas espirituales.

En tres diferentes veces parecía que casi estaba listo para recibir a Jesús. Cuando le pregunté si quería dar ese paso, me dijo que todavía no se sentía listo. Aún así, continuó leyendo los libros que le daba y estudió la Biblia que le conseguí. Después de haber sido amigos y compañeros de desayuno durante más de siete meses, sentí que había llegado el momento, y cuando le pregunté si quería recibir a Jesús, entonces me dijo que ya estaba preparado. Me senté con él mientras oraba, y fue increíble verle crecer en su caminar con Jesús mientras continuamos reuniéndonos para desayunar a lo largo de los años.

Convertir tu hogar en un faro que brilla con el amor de Dios en tu vecindario y comunidad consiste en ser natural al expresar tu fe. El evangelismo orgánico no es un programa o un método, y esperamos que nunca sea una tarea o algo en una lista de cosas que tienes que hacer. Es simplemente una manera de vivir, amar y servir a los demás en el nombre de Jesús. Al hacerlo, descubrimos que Dios nos abre oportunidades para llevar el mensaje de su amor a los demás, tocando vidas. Tenemos la oportunidad de ser parte de este increíble trabajo.

Nuestra oración es que experimentes la alegría de caminar con la gente hacia Jesús. Primero, tus hijos y familiares. Después, a tus vecinos y a la gente de tu comunidad. Que el Dios de la luz brille en ti y a través de ti para su gloria y el bien de tu comunidad.

Amén".

Notas Finales

INTRODUCCIÓN

1. Para aprender más sobre cómo ayudar a tu iglesia a convertirse en una fuerza de influencia evangelística en tu comunidad y en el mundo, lee *Evangelismo Orgánico para Iglesias*.
2. Para aumentar la eficacia de tu evangelismo personal y desarrollar formas naturales de compartir las buenas noticias de Jesús, lee *Evangelismo Orgánico para Todos*.
3. Este libro sobre evangelismo personal utiliza un motivo agrícola para ayudar a los creyentes a descubrir formas naturales y orgánicas de preparar el terreno para el evangelismo, plantar y regar las buenas noticias del evangelio, y unirse a la gran cosecha de almas que Dios está trayendo a su reino.
4. Este segundo libro de la serie Evangelismo Orgánico se centra en la iglesia local y utiliza un motivo de la anatomía humana para ayudar a las congregaciones a cultivar su *corazón* para el mundo, enfocar su *mente* en el evangelismo, ensuciarse las *manos* y participar activamente en el servicio, y entrenar sus *bocas* para proclamar las buenas noticias de Jesús.
5. Mateo 28:19-20
6. Hechos 1:8

CAPÍTULO UNO: VIVIR EL EVANGELIO EN TU HOGAR

1. Ef. 2:8-9
2. Rom. 5:8

CAPÍTULO DOS: COMPARTIR A JESÚS CON TUS HIJOS

1. Sal. 139:14
2. Prov. 22:6 NTV

3. Charles Swindoll es un gran pastor, líder y autor prolífico. Uno de los libros con los que trabajamos se titulaba *The Strong Family*. Las ideas de Swindoll analizadas en este capítulo provienen de ese libro.

4. La palabra *exegética* se refiere a la interpretación bíblica. En particular, se trata de dejar que la verdad y el significado surjan del texto en lugar de imponer nuestras nociones preconcebidas sobre el texto.

5. Prov. 30:18-19

6. Ibid.

7. Lucas 8:4-8

8. Esto no es una recomendación para tener una noche de casino o apostar. Es sólo parte de la historia de Kevin. En su caso, se tomó algo por encima del borde para que fuera atraído.

9. Juan 16:7

10. En *Evangelismo Orgánico para Todos*, los capítulos doce y trece entran en gran detalle sobre cómo compartir tu testimonio personal y presentar el evangelio.

11. Juan 3:5-8

CAPÍTULO TRES: EL TIEMPO DEL ESPÍRITU SANTO

1. Salmo 139:13-16

2. Juan 4:4-42

3. Juan 3:1-21

4. Hace algunos años Kevin escribió un libro llamado *Seismic Shifts*. Este libro puede ser usado como un estudio para un individuo o una familia. Recorre los fundamentos de la fe cristiana y es una gran herramienta para los nuevos creyentes mientras dan esos primeros y esenciales pasos de la fe

CAPÍTULO CUATRO: ALCANZANDO A TU FAMILIA EXTENDIDA

1. Gálatas 5:22

2. 1 Pedro 3:15

3. La sencilla presentación del evangelio en este capítulo está tomada de una similar que Sherry y yo escribimos y utilizamos en los libros *Finding a Church You Can Love* y *Seismic Shifts*.

4. 1 Cor. 15:1-4

5. Rom. 10:17

6. Expongo cinco formas de compartir el evangelio en el capítulo trece de *Evangelismo Orgánico para Todos*.

7. Juan 4:4-42

8. Juan 3:1-21

9. Lucas 19:1-10

10. Rom. 5:8

11. Su página web es *www.worknet solutions.com*

12. Lucas 15:7, 10

CAPÍTULO CINCO: EL HOGAR COMO REFUGIO SEGURO

1. En el capítulo seis de su libro *Surprising Insights from the Unchurched*, Rainer analiza el hecho de que muchas personas que buscan una iglesia, incluidos los no creyentes, están muy preocupadas por la doctrina y las creencias. Esta fue una revelación que sorprendió a Rainer y a muchos otros líderes del crecimiento de la iglesia.

2. *winningathome.com*

CAPÍTULO SEIS: EL HOGAR COMO SALA DE URGENCIAS

1. Isa. 48:17

2. E. V. Hill fue pastor de la Mount Zion Missionary Baptist Church de Los Ángeles durante cuarenta y dos años, y muchos lo consideraron uno de los predicadores más influyentes de Estados Unidos. Falleció en el año 2003.

3. Gal. 6:2

4. Éxodo 15:26

5. El libro de Randy *Making Room for Life* da muchas ideas para estar disponible en tu barrio.

6. Prov. 11:13

7. Kevin ha aprendido tanto sobre el valor del cuidado preventivo que escribió un libro, *Leadership from the Inside Out*, para pastores y líderes cristianos. Un autoexamen regular y riguroso puede librar a los líderes de muchas trampas a los que podrían enfrentarse si vivieran con un corazón no examinado.

8. *http://www.hazelden.org/web/public/prev51114.page*

9. Juan 1:14

10. 1 Cor. 6:19

11. Kevin está tan comprometido con la enseñanza de la importancia de establecer un ritmo sabático que este tema aparece en la mayoría de sus libros, sin importar el enfoque temático.

12. Éxodo 20:8-11

CAPÍTULO SIETE: EL HOGAR COMO LUGAR DE JUEGOS

1. Gál. 5:22

2. Fil. 4:4

3. Hechos 16:16-40

4. El libro de Gary *Sacred Parenting* tiene una gran teología y muchas ideas que cambiarán tu forma de pensar y tu práctica como padre. Altamente te lo recomendamos.

5. El libro *Orthodoxy* de Chesterton es una lectura pesada y muy impregnada del contexto de su época. Al mismo tiempo, está lleno de ingenio y gran conocimiento sobre Dios y las personas.

6. El título completo del libro es: *The Humor of Christ: A Significant but Often Unrecognized Aspect of Christ's Teaching*.

7. Esto se puede encontrar en el libro de C. S. Lewis *The Weight of Glory and Other Addresses*.

8. Rom. 8:28

9. Ecl. 3:1,4

10. Neh. 8:10

11. Lucas 17:21

12. Gary tiene un gran ministerio para matrimonios y familias. Puedes aprender más sobre su trabajo en su página web *www.5lovelanguages*.

com o en sus libros, incluyendo *The 5 Love Languages* y *The 5 Love Languages for Children*.

13. Ben ha servido como capellán en dos universidades cristianas (Hope College en Michigan y Westmont College en California). Le oí hacer esta afirmación en un retiro matrimonial en nuestra iglesia.

CAPÍTULO OCHO: EL HOGAR COMO LUGAR DE ORACIÓN

1. Lucas 15 tiene tres historias que terminan con regocijo cuando las buenas noticias transforman un corazón y una vida.
2. Juan 15:7-8
3. Juan 10:3-4
4. Juan 1:12-13
5. Rom. 8:15; Gal. 4:6
6. Algunas personas creen que Dios puso las cosas en marcha y luego se retiró de la participación personal en el universo. El deísmo es la creencia en este tipo de dios.
7. Fil. 2:6-8
8. 1 Juan 4:9-10
9. Mat. 7:7-11
10. Marcos 1:35
11. Esta cita clásica es de Leonard Ravenhill.
12. Ef. 2:10
13. 1 Cor. 3:9
14. Hay muchos salmos de lamentación; he aquí algunos: Sal. 3, 4, 5, 6, 22.
15. Santiago 1:5-6
16. Sal. 32:8
17. Ef. 6:10-20
18. Juan 17:15
19. 1 Juan 4:4
20. 1 Cor. 15:12-57
21. Marcos 12:30
22. Gal. 5:22-23

23. Para más información sobre MOPS, busca www.mops.org. Para más información sobre Moms in Prayer International (Madres en Oración Internacional), busca www.momsintouch.org

24. *Experimentar a Dios* es una herramienta maravillosa para aprender a identificar dónde está obrando Dios y unirse a Él.

CAPÍTULO NUEVE: EL HOGAR COMO FARO

1. Juan 8:12
2. Juan 1:12
3. 2 Cor. 5:20
4. 1 Pedro 2:9
5. Rom. 3:23
6. Rom. 7:15
7. Mateo 6:24
8. Mic. 6:8
9. Mt. 5:9
10. Gal. 5:22
11. Juan 3:19

CAPÍTULO DIEZ: EL ESPÍRITU Y LA ATMÓSFERA DE TU HOGAR

1. En *Evangelismo Orgánico para Todos*, todo el primer capítulo está dedicado al lugar central del amor en el evangelismo. En *Evangelismo Orgánico para Iglesias*, los primeros tres capítulos se enfocan en el llamado a amar a Dios, amar al mundo y amar a la iglesia. Te recomendamos que le eches un vistazo a estos capítulos.

2. 1 Juan 2:15 - 17, énfasis añadido.

3. Juan 3:16, énfasis añadido

4. Lucas 10:27; Mateo 22:37; Deuteronomio 6:5

5. Juan 13:34-35; Rom. 12:10; 1 Tes. 3:12

6. Mt. 9:35-38

7. 1 Reyes 19:11-12

8. Si no tienes un presupuesto familiar, tal vez te interese un programa como la Universidad de la Paz Financiera de Dave Ramsey. Obtén más información en *www.daveramsey.com*

9. Vea estos programas en *www.biblegateway.com*

CAPÍTULO ONCE: CONECTAR DE FORMA ORGÁNICA

1. Del libro de Walt Mueller, *Youth Culture 101*.

2. Este parece ser un tema de gran pasión para los padres cristianos, y personas que respetamos nos han dicho que los padres cristianos amorosos siempre elegirán la opción de una escuela cristiana o la educación en el hogar. Nosotros cortésmente no estamos de acuerdo y sentimos que Dios puede guiar a la gente a cualquier opción de escuela. Nuestro sentido al llamado de estar conectados en las escuelas públicas podría haber sido muy diferente si las escuelas hubieran sido inseguras o hubieran tenido un pobre historial educativo. Creemos que cada familia debe tomarse el tiempo para buscar seriamente la dirección de Dios para cada niño.

3. Rick y el equipo de la iglesia Saddleback han desarrollado una gran cantidad de recursos para liderar un grupo pequeño comunitario a través de *The Purpose Driven Life*. Puedes obtener más información en *www.purposedrivenlife.com* y *www.zondervan.com*

4. Echa un vistazo al libro *Seeker Small Groups* de Garry Poole. Zondervan tiene varias series excelentes de grupos pequeños que funcionan bien para los buscadores, incluyendo *Interactions*, *Reality Check*, y *Tough Questions*.

5. El libro fue publicado en 1987, y durante diez años esta pareja comenzó veinticinco grupos pequeños con el propósito de alcanzar a otros. Qué gran recordatorio de que los grupos pequeños de buscadores han estado funcionando durante mucho tiempo.

6. Este evento fue dirigido por Gary Hamel, quien fue nombrado por el *Wall Street Journal* como el pensador de negocios más influyente del mundo. También se presentó Thomas Kelley, director general de IDEO, una empresa de innovación *(www.ideo.com)*. Para más

información sobre formación en innovación para la iglesia y los creyentes, *véase www.willowcreek.com*

CAPÍTULO DOCE: SUPERAR LOS RETOS PARA ALENTAR

1. Marcos 1:35-39
2. El libro *Refrigerator Rights* de Will Miller explora cómo podemos crear conexiones y restaurar las relaciones con las personas para que realmente estemos en relaciones de confianza y de compartir.
3. Juan 13:14-15
4. Studd fue un famoso jugador de críquet y misionero en China a finales del siglo XIX.
5. Aprende más sobre cómo desarrollar un ministerio de servicio vecinal en *www.carygrove.org*
6. Hay ejemplos de ideas de servicio en *Evangelismo Orgánico para Todos* y *Evangelismo Orgánico para Iglesias* (véanse los capítulos 8 y 9).

ORGANIC
OUTREACH
INTERNATIONAL

A través de la formación, el entrenamiento y la provisión de recursos, Organic Outreach International se compromete a ayudar a denominaciones, grupos nacionales, movimientos regionales, organizaciones para eclesiásticas e iglesias locales de todo el mundo a infundir en el ADN de sus ministerios y congregaciones la pasión por la evangelización natural. Ofrecemos sesiones de formación en línea y presenciales que van desde seminarios introductorios de medio día hasta formación intensiva de dos días. Para iglesias y movimientos que están directamente comprometidos con el evangelismo orgánico, ofrecemos una experiencia de entrenamiento colaborativo para grupos pequeños (cohortes) de pastores y Líderes de Equipos de Influencia de Evangelismo a través de una combinación de trabajo en línea y videoconferencias mensuales.

Para las iglesias y organizaciones que participan en el evangelismo orgánico, ofrecemos recursos gratuitos en nuestro sitio web. Al navegar a través de esta biblioteca, encontrarás tres años completos de agendas de reuniones del Equipo de Influencia de Evangelismo, muestras de planes de Influencia de Nivel 3 a Nivel 4, una descripción del ministerio del Líder del Equipo de Influencia de Evangelismo Orgánico, capacitación, videos informativos y más. Estamos actualizando y añadiendo constantemente estas herramientas, así que consúltalas a menudo.

Si estás interesado en conocer más sobre los recursos gratuitos que ofrecemos o cualquier otra información, puedes contactar al equipo de OOI a través del sitio web (www.OrganicOutreach.org) o por correo electrónico (info@OrganicOutreach.org).

Made in the USA
Columbia, SC
30 July 2024

39466302R00138